Olimpismo no Brasil:
medalhas e classificações

Instituto Phorte Educação

Phorte Editora

Diretor-Presidente

Fabio Mazzonetto

Diretora Executiva

Vânia M. V. Mazzonetto

Editor Executivo

Tulio Loyelo

Olimpismo no Brasil:
medalhas e classificações

Aristides Almeida Rocha
Henrique Nicolini

São Paulo, 2008

Olimpismo no Brasil: medalhas e classificações

Copyright © 2008 by Phorte Editora

Rua Treze de Maio, 596

CEP: 01327-000

Bela Vista – São Paulo – SP

Tel/fax: (11) 3141-1033

Site: www.phorte.com   *E-mail:* phorte@phorte.com

Nenhuma parte deste livro pode ser reproduzida ou transmitida de qualquer forma ou por quaisquer meios eletrônico, mecânico, fotocopiado, gravado ou outro, sem autorização prévia por escrito da Phorte Editora Ltda.

CIP-BRASIL. CATALOGAÇÃO-NA-FONTE
SINDICATO NACIONAL DOS EDITORES DE LIVROS, RJ

N554o

Nicolini, Henrique, 1926-
    Olimpismo no Brasil: medalhas e classificações / Henrique Nicolini, Aristides Almeida Rocha. - São Paulo:
Phorte , 2008.
    240p.: il. color.

    Inclui bibliografia
    ISBN 978-85-7655-058-7

    1. Olimpíadas. 2. Atletas - Brasil - História. I. Rocha, Aristides Almeida, 1936-. II. Título.

08-2700.   CDD: 796.48
                  CDU: 796.032.2

02.07.08   03.07.08   007459

Impresso no Brasil

Printed in Brazil

Prefácio

Quando o professor Henrique Nicolini me pediu para escrever este prefácio, fiquei duplamente emocionado. Primeiro, porque é um convite de uma autoridade em Olimpismo, portanto em humanismo, de um homem a quem sempre devotei enorme respeito e admiração, uma pessoa rara, que pratica e cumpre aquilo que ensina, que sempre nos honra; depois, porque este livro encerra histórias daquilo que julgo que seja, talvez, o ponto mais alto da nossa – dita civilizada – humanidade: as Olimpíadas.

Desde os gregos, que, por mais de um milênio, dedicaram-se religiosamente aos Jogos Olímpicos, até as Olimpíadas da Era Moderna, sonhadas e realizadas por um nobre de espírito idem, o Barão de Coubertin, as competições esportivas realizadas de tempos em tempos são a tradução dos mais elevados sentimentos humanos. A isso, convencionou-se chamar *Olimpismo* – ou Movimento Olímpico: o conjunto de valores que norteiam os jogos e, claro, seus participantes, e o professor Nicolini é um mestre nesta filosofia, na ciência e na vida.

Está na Carta Olímpica. O Olimpismo é:

> uma filosofia de vida que exalta e combina de uma maneira balanceada a totalidade das qualidades do corpo, da vontade e da mente, combinando esporte com cultura e educação. Busca criar uma maneira de viver baseada no prazer encontrado no esforço, no valor educacional do bom exemplo e no respeito a princípios éticos fundamentais universais.

Seu objetivo é:

> colocar, em toda a parte, o esporte a serviço do desenvolvimento harmônico do homem, encorajando o estabelecimento de uma sociedade pacífica preocupada com a preservação da dignidade humana.

Ao contrário do que muitos pensam hoje, em um mundo açodado pela competição desenfreada e coalhado de individualistas de pouca ou nenhuma força moral, o maior de todos os desafios, a mais dura de todas as batalhas, o Torneio Olímpico, não é uma exaltação da vitória individual, da glória pessoal ou da supremacia dos mais fortes. Ao contrário, sintetizada na frase-símbolo do próprio Barão de Coubertin: "o importante é competir, e não ganhar", os valores olímpicos apontam para um caminho de harmonia, paz e respeito absoluto pelo próximo. Para um mundo único de seres iguais, sem distinções ou preconceitos.

Este livro, de Henrique Nicolini e Aristides Almeida Rocha, é um trabalho de fôlego. Este volume reúne a um só tempo a história dos Jogos Olímpicos e da participação brasileira. Traz, também, dados completos de toda a história olímpica do nosso país, e, mais ainda, não se encerrará nestas páginas. Logo após a competição de Pequim, estes dados e tabelas serão atualizados no *website* da editora.

Este é, sem dúvida, um trabalho de relevância histórica que só vem coroar a biografia destes grandes brasileiros.

Boa leitura!

Lars Grael

Sumário

Parte 1 - O Olimpismo como valor cultural, 9

1 - Onde tudo começou, 13

2 - A evolução dos símbolos olímpicos, 15

Parte 2 - O Brasil nos Jogos Olímpicos, 25

3 - Os brasileiros nos Jogos Olímpicos, 27

4 - Honrosas colocações sem o pódio, 31

5 - VII Jogos Olímpicos de Antuérpia (1920), 35

6 - VIII Jogos Olímpicos de Paris (1924), 39

7 - X Jogos Olímpicos de Los Angeles (1932), 41

8 - XI Jogos Olímpicos de Berlim (1936), 47

9 - XIV Jogos Olímpicos de Londres (1948), 53

10 - XV Jogos Olímpicos de Helsinque (1952), 59

11 - XVI Jogos Olímpicos de Melbourne (1956), 67

12 - XVII Jogos Olímpicos de Roma (1960), 71

13 - XVIII Jogos Olímpicos de Tóquio (1964), 75

14 - XIX Jogos Olímpicos do México (1968), 79

15 - XX Jogos Olímpicos de Munique (1972), 85

16 - XXI Jogos Olímpicos de Montreal (1976), 91

17 - XXII Jogos Olímpicos de Moscou (1980), 97

18 - XXIII Jogos Olímpicos de Los Angeles (1984), 105

19 - XXIV Jogos Olímpicos de Seul (1988), 115

20 - XXV Jogos Olímpicos de Barcelona (1992), 125

21 - XXVI Jogos Olímpicos de Atlanta (1996), 133

22 - XXVII Jogos Olímpicos de Sidney (2000), 143

23 - XXVIII Jogos Olímpicos de Atenas (2004), 153

Parte 3 - Realidades que os números não mostram, 165

24 - Medalhas e desenvolvimento, 167

25 - O iatismo em primeiro lugar, 171

26 - Quem são os medalhistas olímpicos, 175

27 - Classificar-se também é honroso, 187

28 - Nosso patrimônio humano, 189

29 - Não classificados, mas recordistas, 207

30 - O Brasil no mundo: 39º lugar, 211

31 - A presença feminina, 215

Parte 4 - Conclusões: perspectivas futuras, 219

32 - Recursos para o esporte, 221

33 - A base da pirâmide, 223

34 - Últimas palavras, 225

Bibliografia Indicada, 227

Iconografia, 233

Parte 1

O Olimpismo como valor cultural

Primeiras palavras

Quem tem a oportunidade de presenciar pessoalmente a cerimônia de abertura dos Jogos Olímpicos desfruta de um grande privilégio. Pode-se dizer que assistiu ao maior espetáculo da Terra, pelo alto significado daquela festa, tanto pela sua beleza plástica quanto pelo seu conteúdo simbólico.

A pessoa que, afortunadamente, conseguiu uma poltrona no estádio onde a cerimônia acontece verá passar diante de seus olhos a própria humanidade. São cidadãos de mais de duzentos países (uma quantidade de nações maior do que as filiadas à própria Organização das Nações Unidas – ONU) representando uma diversidade de etnias, cores, biótipos e bandeiras nacionais do mundo que habitam.

Aqueles que estão desfilando e acenando para o povo das tribunas correspondem ao ápice do ser humano em termos de força, vigor, destreza e eugenia. O embalo das músicas em tom marcial, a decoração do local, complementada pelo multicolorido dos uniformes, e o simbolismo do cerimonial significam o máximo possível em termos de espetáculo. Nenhuma obra de ficção poderia superar a realidade desse verdadeiro hino à vida.

Cada país designa para carregar seu pavilhão o atleta de maior destaque esportivo, o símbolo da nação, o ídolo principal naquela corrente contínua de astros e estrelas do esporte. Na manhã seguinte, todos estarão competindo nas pistas, piscinas, quadras, raias, ringues e tatames, proporcionando 15 dias de emoções, de aplausos ou desilusões, de euforia ou lágrimas, os contrastes de todo o sentimento humano.

É dessas duas semanas, acompanhados por quase toda a população do mundo por meio de veículos impressos e eletrônicos, que sairão astros transformados em heróis em sua terra natal e figuras admiradas pelo resto do mundo. Desde a Grécia Antiga, os vencedores do Olimpo davam seus nomes a vias e locais públicos. É a glória de ser o melhor entre os bilhões de habitantes da Terra.

A fixação do foco apenas no número um, entretanto, não é eticamente justa. Somente o fato de participar com algum êxito daquela festa já constitui uma grande glória para qualquer disputante. Discordamos, com toda a nossa alma, daquele anúncio publicitário que dizia ser o vice-campeão a medalha de prata, o perdedor do ouro.

É por esta razão que, neste livro, estamos resgatando para a história do esporte brasileiro o nome e as *performances* de todos os brasileiros que obtiveram até o décimo posto em quase nove décadas de nossa participação olímpica. Avaliza esta decisão o fato de que muitos de nossos atletas, que nem classificados foram, em um desempenho localmente muito válido, bateram recordes nacionais e sul-americanos.

Além de um trabalho de pesquisa, procuramos contar fatos que acompanharam a presença do Brasil nos Jogos Olímpicos; alguns edificantes, outros, nem tanto.

Aristides Almeida Rocha
Henrique Nicolini

1
Onde tudo começou

Toda a grandiosidade mística do Olimpismo nasceu na Grécia, em um certame que durou 1.169 anos, desde 776 a.C. até 393 d.C., quando os Jogos foram extintos pelo Imperador romano Teodósio. Vencer nos Jogos Olímpicos sempre foi uma glória, e participar deles, um privilégio. Os Jogos eram vetados aos bárbaros, isto é, aos não-gregos. Somente podiam competir os nascidos nas diversas cidades helênicas e da Magna Grécia, área geográfica que correspondia àquelas banhadas pelo Mar Adriático e pela Sicília, que hoje faz parte da Itália.

Também eram proibidos de concorrer e até de assisti-los as mulheres e os escravos, pois os Jogos eram privativos dos homens livres.

Mudanças de caráter político, econômico e religioso contribuíram para o fim dos Jogos Olímpicos da Antiguidade. Não havia, a partir do século IV, condições sociais para o esporte, que passou a não mais figurar como interesse geral, cedendo lugar a outros valores de caráter popular.

A Revolução Industrial, ocorrida no início do século XIX, e a participação da classe universitária da Inglaterra nas atividades físicas trouxeram de volta condições principais para o desenvolvimento do esporte, para a sua expansão por toda a Europa e, mais tarde, para a América e o resto do mundo.

Essa evolução, seguida de um amadurecimento cultural, permitiu o restabelecimento dos Jogos Olímpicos, um legado de Hélade, pela liderança de Pierre de Fredy, o Barão de Coubertin, na última década do próprio século XIX.

O dia 23 de junho de 1894 transformou-se em uma data histórica do Olimpismo, quando, em reunião realizada na Sorbonne, na França, com a presença de 21 países, foi fundado o Comitê Olímpico Internacional, decidido o restabelecimento dos Jogos Olímpicos e marcada a primeira disputa deste evento para o ano de 1896, na Grécia. Desde 1948, a data de 23 de junho é reconhecida oficialmente como o Dia Olímpico.

Salvo quanto ao aspecto religioso, os Jogos da Era Moderna absorviam do país de origem toda a simbologia e valores éticos: uma confraternização entre os povos, único evento que consegue reunir sob uma mesma bandeira, a olímpica, todas as nações de um mundo, muitas vezes, em conflito.

1. O Panathenian Estadium foi construído na cidade de Atenas, para os Primeiros Jogos Olímpicos da Era Moderna, em 1896.

2
A evolução dos símbolos olímpicos

Naturalmente, passados 1.503 anos após a última disputa, os Jogos Olímpicos não poderiam ser absolutamente iguais aos da Antiguidade. Predominaram os princípios éticos e os ideais gregos, mas, obviamente, as modalidades em disputa e sua amplitude não eram as mesmas. Os próprios Jogos de hoje diferem dos realizados há um século, pela inclusão gradativa de novas disciplinas esportivas e dos novos símbolos, alguns de herança grega, outros como concessões à modernidade.

Os Jogos da Era Moderna têm muito da filosofia humanista de Pierre de Coubertin. Eles foram inspirados no espírito de confraternização entre os povos e das pessoas, eternizados na sua célebre frase: "O mais importante nos Jogos Olímpicos não é vencer, mas participar, assim como o mais importante na vida não é o triunfo, mas sim a luta. O essencial não é ter conquistado, mas lutado bem."

O objetivo de lutar bem, da perfeição, é sintetizado no *Altius, Citius, Fortius*. Este lema já representava o esporte antes mesmo do restabelecimento dos Jogos Olímpicos, em 1894, na célebre reunião realizada na Sorbonne. Eles são inspirados nos escritos do monge beneditino francês Henri Didon, de 1890, mas somente tiveram divulgação e se tornaram, também, um lema olímpico por volta de 1920, durante os Jogos Olímpicos de Antuérpia.

Os anéis olímpicos

O desenho original dos aros, argolas ou anéis estampados no pavilhão olímpico foi criado por Coubertin, em 1913, em Delfos, nas proximidades da cidade de Olímpia; eles representam os cinco continentes do mundo e, pelo menos, uma de suas seis cores, incluindo a branca, que está presente na bandeira de cada um dos países filiados ao COI.

Esses anéis entrelaçados sobre um fundo branco são, respectivamente, da cor azul (Europa), preta (África) e vermelha (América) em posição superior, situando-se os da cor amarela (Ásia) e verde (Oceania) mais abaixo. A indicação da representatividade dos continentes em cada cor não foi intencional, e prende-se à tradição que assim os adotou.

2. Anéis olímpicos.

A pira e a tocha

A pira e a tocha olímpica (esta inspirada em uma folha de oliva) são símbolos das Olimpíadas da Antiguidade. Embora constituam uma tradição dos antigos Jogos, na Era Moderna, seus rituais só foram introduzidos em 1928, na Holanda, quando, nos Jogos de Amsterdã, o atleta grego Sarvas Saritzoglon resgatou essa herança da civilização helênica. Naqueles passados tempos, tradicionalmente, o fogo era considerado elemento sagrado.

O ritual da tocha e da pira foi constante desde os primitivos Jogos em 776 a.C., permanecendo até que estes fossem extintos. Era a homenagem prestada a Athena, deusa da guerra e da inteligência, durante a disputa de uma prova de atletismo, quando equipes integradas por quarenta atletas revezavam-se correndo com tochas que passavam de mão em mão. Ao vencedor cabia a honra de acender a pira no altar e receber a coroa de louros da vitória.

A partir dos Jogos Olímpicos de Berlim, em 1936, a Tocha Olímpica, anteriormente sempre carregada por um atleta grego, por sugestão do alemão Theodore Lewald, passou a ser, também, carregada, sucessivamente, por diversos atletas de nacionalidades diversas, culminando com o acendimento da Pira Olímpica por um atleta do país anfitrião.

Desde 2004, a Tocha Olímpica, saindo de Olímpia, percorre várias cidades de todos os continentes até chegar ao país-sede, para dar início aos Jogos.

A chama, símbolo da paz propiciada pelo esporte, permanece crepitando na Pira Olímpica durante todo o período de realização dos Jogos.

A mascote

A palavra mascote, substantivo feminino, etimologicamente deriva-se do termo provençal *mascoto,* significando sortilégio, e do francês *mascotte,* indicando pessoa, animal ou coisa que se considera trazer boa sorte.

A mascote olímpica foi adotada pela primeira vez nos Jogos Olímpicos de Inverno de 1968, em Grenoble, na França, e, de acordo com o Boletim n. 21 do Comitê Olímpico Brasileiro, surgiu nos Jogos Olímpicos tradicionais, em 1972, criada pelo Comitê Organizador de Munique, Alemanha. Ela representava um cão da raça *daschund* e tinha o nome de *Waldi.* Em 1976, nas Olimpíadas de Montreal, Canadá, a mascote foi *Amik*, um castor.

Mas a mascote que até hoje mais agradou foi *Mischa,* um ursinho. Representado também em coreografia humana, ela trouxe emoção, sobretudo na cerimônia de encerramento dos Jogos de Moscou, em 1980, quando derramou uma lágrima de despedida.

3. Misha, a mascote mais popular.

O juramento

Os gregos oravam no Templo de Zeus pedindo para que as competições fossem justas. Nos Jogos Olímpicos da Era Moderna, ecumênicos e despidos do cunho religioso, os atletas prometem, em seu juramento, agir com honra, lealdade e esportividade. Atualmente, desde 1980, os termos *honrar nosso país* foram substituídos por *honrar nossa equipe*, diminuindo, assim, os sentimentos nacionalistas. Esse juramento foi pronunciado pioneiramente nos Jogos de 1920, em Antuérpia, Bélgica, pelo atleta da Esgrima, o belga Victor Bouin, ídolo dos Jogos de 1908 e 1912. Transformou-se em ritual obrigatório:

Juramos que participaremos lealmente dos Jogos Olímpicos, respeitando as normas que os governam no verdadeiro espírito desportivo, para honra de nossa equipe e para a glória do esporte.

Um juramento semelhante é feito por um árbitro em nome de todos os outros que atuam no evento, seguindo-se os acordes do hino da nação organizadora.

O Hino Olímpico

Em 1957, o COI oficializou o Hino Olímpico, composto pelos gregos Costis Palamas (letrista) e Spyrus Samaras (música):

Espírito imortal da Antiguidade
Criador augusto da verdade, beleza e bondade
Desça aqui, apresente-se, irradie sua luz sobre nós
Por sobre este campo e debaixo deste céu
Que primeiro testemunharam sua fama imperecível

Traga vida e entusiasmo para estes nobres Jogos!
Atire coroas de flores com frescor eterno aos vitoriosos
Da corrida e da luta

E crie em nossos peitos corações de aço!
Em sua luz, planícies, montanhas e mares
Brilham em matizes rosados e formam um vasto templo
No qual as multidões de todas as nações vão adorá-lo
Oh! Espírito imortal da Antiguidade.

4. Cerimônia de abertura.

A cerimônia de abertura

A partir dos Jogos de Londres, em 1908, os atletas, de acordo com o protocolo, passaram a desfilar com uniformes, e, pela primeira vez, portando bandeiras de seus países. Atualmente, as autoridades da nação anfitriã são reverenciadas apenas com acenos amistosos dos atletas, durante a marcha em frente ao palanque. Tal procedimento começou a ser adotado para evitar possíveis constrangimentos, como eventualmente ocorria na saudação com sentido político aos chefes de Estado, durante os primeiros Jogos.

A pompa da festa de abertura, verdadeira celebração artística, aconteceu pela primeira vez nos Jogos de Estocolmo, Suécia, em 1912.

Atualmente, a cerimônia envolve um ritual de luzes e cores, em geral, apresentando um *show* pirotécnico, coreográfico e musical, muitas vezes mostrando e ressaltando aspectos da cultura e costumes do país anfitrião.

Uma revoada de pombos brancos, levada a efeito pela primeira vez em Atenas, em 1896, tornou-se um símbolo permanente de paz desde 1920, nos Jogos de Antuérpia, Bélgica.

A medalha

Nos Jogos da Grécia Antiga, os vencedores recebiam apenas uma coroa de louros, prática que persiste nos Jogos atuais. Contudo, desde a primeira Olimpíada de Atenas, em 1896, ao vencedor é outorgada, também, uma medalha de ouro; ao segundo colocado, de prata; e ao terceiro, de bronze; ao quarto, quinto e sexto lugares, um diploma de participação.

A medalha (do latim tardio *medalia*) é uma peça de metal, por tradição, cunhada para celebrar algum acontecimento memorável, e representa uma distinção honorífica. Na verdade, na Itália, em 1294, a *medaglia* era uma moeda de pouco valor, mas em 1519, fabricada em ouro e prata, passou a ser muito valorizada e cobiçada.

A medalha olímpica até 2000, em Sidney, apresentava o mesmo desenho desde os Jogos de Amsterdã, em 1928. Quando o escultor polonês Wojciech Pietranik, nascido em Gdank e radicado na Austrália, venceu o concurso para um novo desenho, os gregos, que sediariam os próximos Jogos em 2004, protestaram, pois o novo desenho apresentava a deusa grega da Vitória, Nike, ao lado de um vaso, uma carruagem e o Coliseu, que é uma figura romana. Esta distorção, que persistia desde 1928, foi, então, reparada. Em 2004, nos Jogos de Atenas, houve uma modificação, passando a medalha a estampar, na face anterior, a Acrópole, o Parthenon, a deusa Nike e o Estádio Parathinaiko, que, na Era Moderna, abrigou os primeiros Jogos, em 1896; no verso, a medalha reproduz, em grego, um trecho da 8ª Ode Olímpica de Píndaro (460 a.C.) e a chama olímpica.

Os desenhos são feitos a mão em um molde de gesso de 15 cm de espessura, e uma máquina os reproduz em um molde de aço de 6 mm de diâmetro e 3 mm de espessura. A seguir, um corte faz o contorno e um outro, o orifício para a introdução da fita; finalmente a medalha passa por um banho de pátina e uma solução química para escurecimento.

Portanto, participar dos Jogos e conquistar este simples objeto – a medalha olímpica –, ser um medalhista, além do mérito e da distinção honorífica, é receber um sinal distintivo de dignidade esportiva; subir ao pódio como primeiro colocado é ostentar um troféu que contém, no mínimo, 6 g de ouro puro.

a

b

5a e b. Medalha entregue nos Jogos Olímpicos de Londres, em 1948. Pertence à coleção de Moacyr Daiuto, técnico da equipe de Basquete.

A cerimônia da vitória: o pódio

Apenas em 1932, nos Jogos de Los Angeles, foi construída uma plataforma (pódio) de três degraus para o ritual da premiação, ficando no topo o vencedor da Medalha de Ouro.

O segundo e terceiro colocados colocam-se nos degraus abaixo. Ao receber as medalhas entregues pelas autoridades, o hino nacional do país a que pertence o atleta ou equipe vencedora é entoado. As bandeiras são, também, hasteadas lado a lado, estando a do país vencedor em posição central e mais alta.

A cerimônia de encerramento

Atualmente, as delegações de todas as nações participantes – atletas, técnicos e dirigentes – desfilam com um porta-bandeiras, e depois misturam-se de modo descontraído, em verdadeiro congraçamento quase sem pompa, enquanto um *show* de música e coreografia acontece. O presidente do COI, em pequeno discurso, conclama a todos para a próxima Olimpíada e, a seguir, ao som das trombetas, a chama olímpica é apagada. Lentamente, a bandeira arriada do mastro é conduzida por uma guarda de honra. Após uma salva de cinco tiros, todos abandonam o campo, e assim terminam os Jogos Olímpicos.

Parte 2

O Brasil nos Jogos Olímpicos

3
Os brasileiros nos Jogos Olímpicos

A presença do Brasil em uma disputa olímpica somente ocorreu em 1920, quando os Jogos já existiam há 24 anos.

Naquela época, o desenvolvimento do esporte em nosso país estava em um estágio muito incipiente. O esporte havia chegado ao nosso país na bagagem dos imigrantes na última década do século XIX e o pouco intercâmbio internacional e o conseqüente desconhecimento das regras ou normas das modalidades em disputa prejudicaram sensivelmente o desempenho dos nossos atletas. Salvo na modalidade do tiro, e por razões fortuitas, o desempenho brasileiro nos demais esportes foi desilusório. Ele, porém, valeu como uma primeira experiência, que foi incorporada na seqüência das futuras Olimpíadas de que o Brasil participou.

Até os anos 20 do século passado, a diversificação das disciplinas esportivas praticadas no país era modesta. Os pioneiros foram o remo e o futebol, seguidos pelo ciclismo e a natação. A ampliação do leque somente ocorreu gradativamente depois da participação em nossos primeiros Jogos Olímpicos.

O que aconteceu nos últimos 86 anos de Olimpismo brasileiro pode ser avaliado pelo número de medalhas e demais classificações olímpicas que apresentamos neste capítulo. Este estudo dá uma idéia de nossa evolução e fornece material para futuros planos de desenvolvimento do esporte nacional.

Dumont e a primeira premiação

Curiosamente, a primeira premiação olímpica de um brasileiro aconteceu catorze anos antes de nossa primeira participação nos Jogos em 1920. Ela veio em um significativo diploma de Mérito Olímpico, consignado em 1906 pelo COI.

Santos Dumont, o *Pai da aviação*, o homem que registrou o primeiro vôo com um equipamento mais pesado do que o ar e a dirigibilidade dos balões, era amigo do Barão Pierre de Coubertin, o presidente do Comitê Olímpico Internacional. Ambos freqüentavam os mesmos meios intelectuais de Paris. Dumont estimulou muito Coubertin em sua cruzada em favor do esporte olímpico. Daí o diploma de reconhecimento pelo apoio dado por ele.

6. Santos Dumont, o *Pai da aviação*, nosso primeiro premiado olímpico.

Medalhas conquistadas

Ouro

O Brasil conquistou 17 medalhas de ouro na história de sua participação em Jogos Olímpicos; foram 9 pódios individuais, 6 em duplas e 2 em equipes. As medalhas foram obtidas por 39 atletas, sendo 37 homens no Atletismo, Hipismo (Equitação), Iatismo (Vela), Judô, Tiro, Vôlei e Vôlei de Praia e duas mulheres no Vôlei de Praia.

Prata

O Brasil, de 1920 até 2004, obteve 21 medalhas de prata, sendo 10 em esportes individuais (Atletismo, Iatismo – Vela, Judô e Tiro, todos masculinos); 4 em duplas (Vôlei de Praia, masculino e feminino) e 7 em equipes (Basquete – feminino, Futebol masculino e feminino e Vôlei masculino).

No total, os medalhistas foram em número de 106 (71 homens e 35 mulheres).

Bronze

O número mais significativo de medalhas dos brasileiros em Jogos Olímpicos corresponde às de bronze. Até 2004, em Atenas, foram 38, sendo 18 em equipes, 7 em duplas e 13 individuais. O número de atletas envolvidos nas conquistas atinge 118, sendo 84 homens e 34 mulheres.

7. José Sylvio Fiolo, Ricardo Prado, Maria Lenk e Manoel dos Santos: quatro recordistas mundiais em Natação.

4
Honrosas colocações sem o pódio

Do 4º ao 10º lugar

Até os Jogos Olímpicos de Atenas, em 2004, o Brasil conquistou 76 medalhas e 239 classificações olímpicas. O que impressiona favoravelmente é o fato de termos obtido nas Olimpíadas que participamos nada menos de 41 quartos lugares. Foram oportunidades de subir ao pódio perdidas por pequena diferença. Medalhas que nos escaparam nove vezes no Atletismo, sete na Natação, cinco no Iatismo, quatro no Remo, três no Vôlei, Hipismo e Futebol, duas no Tiro, Basquete e *Taekwondo*, e uma no Tênis.

Em quarenta oportunidades, nossos representantes alcançaram a quinta colocação. O Pugilismo (Boxe), oito vezes; Atletismo, sete; Natação, seis; Judô, quatro; Basquete masculino, três; Iatismo (vela), Remo e Vôlei masculino, duas; Ciclismo, Futebol, Ginástica Artística, Hipismo (equitação) Hóquei sobre patins e Tiro, uma vez cada.

O Brasil obteve, desde 1920, em Antuérpia, até Atenas, em 2004, trinta sextos lugares, nas seguintes modalidades de esporte: Natação, oito vezes; Atletismo e Iatismo, quatro; Basquete, três; Canoagem, Ciclismo, Futebol masculino, Hipismo, Pentatlo moderno, Pólo Aquático, Saltos Ornamentais, Vôlei feminino e masculino e Vôlei de praia feminino e masculino, uma vez cada.

Os brasileiros ocuparam a sétima posição 38 vezes: no Judô, dez vezes; Iatismo (Vela), seis; Natação, quatro; Atletismo e Remo, três vezes cada; Hipismo, Vôlei masculino e feminino, duas vezes cada; Basquete masculino e feminino, Ciclismo, Handebol feminino, Saltos Ornamentais e Tiro, uma vez cada.

Em 34 vezes, ficaram os brasileiros em oitavo lugar: no Atletismo, sete vezes; Natação, cinco; Canoagem, Iatismo e Tiro, quatro vezes cada; Hipismo três; Ginástica-GRD e Remo, duas vezes cada; Handebol, Vôlei masculino e Saltos Ornamentais, uma vez cada.

No nono lugar, foram 28 vezes, sendo: Iatismo, cinco vezes; Judô e Natação, quatro vezes cada; Atletismo, Pugilismo, Tiro e Vôlei de praia masculino, duas vezes cada; Basquete masculino, Ciclismo, Ginástica Artística, Hipismo, Saltos Ornamentais e Vôlei masculino, uma vez cada.

8. Sylvio de Magalhães Padilha foi o 5º classificado nos 400 m com barreiras nos Jogos Olímpicos de Berlim (1936).

No décimo lugar, foram 28 vezes, sendo: Iatismo, sete vezes; Hipismo, seis; Atletismo e Natação, quatro vezes cada; Remo, duas; Ciclismo, Esgrima, Handebol, Pentatlo moderno e Tiro, uma vez cada.

Em síntese, os brasileiros, além das 76 medalhas em 22 esportes, posicionaram-se 41 vezes em quarto lugar; 39 em quinto; 30 em sexto; 38 em sétimo; 34 em oitavo; 28 em nono; e 28 em décimo.

Portanto, entre quarto e décimo lugares, totalizamos 239 classificações, o que já significa uma razoável presença olímpica. Como dissemos no segundo capítulo, classificações não contempladas por medalhas também têm grande significação.

Este livro foi lançado às vésperas da abertura dos Jogos Olímpicos de Pequim, nos quais há grandes esperanças de uma alteração substancial destas estatísticas obtidas até esta data.

Por sua população, crescente evolução econômica e ingresso definitivo do esporte como valor cultural, o Brasil tem plenas condições de obter maior destaque nas próximas edições dos Jogos Olímpicos do Terceiro Milênio. Entretanto, não obtivemos até hoje classificações que correspondam ao nosso lugar natural de acordo com nossa potencialidade. O objetivo é que o país venha a ocupar o *big ten*, ou seja, estar entre as dez melhores nações classificadas em número de medalhas. Para tanto, deve trabalhar, especialmente, na base do esporte e na prospecção de talentos.

5
VII Jogos Olímpicos de Antuérpia (1920)

Fair play nos deu a primeira medalha

O Brasil participou de seus primeiros Jogos em 1920, quando não possuía, ainda, um Comitê Olímpico, fato que somente ocorreria em 1935. Nesta circunstância, a delegação nacional fez-se representar junto à organização pelo ministro e embaixador brasileiro na Suíça, Dr. Raul Paranhos do Rio Branco.

A nossa delegação era muito reduzida, constituída por apenas 21 atletas, que participaram nas modalidades de Natação, Pólo Aquático, Saltos Ornamentais, Remo e Tiro. O país poderia ter sido mais bem representado nestes Jogos, mas grande parte de nossos possíveis competidores, em razão da mentalidade e da cultura predominantes naquela época, não obteve permissão das empresas em que trabalhavam para defender as nossas cores naquele evento.

A equipe nacional embarcou para a Bélgica no dia 1º de julho de 1920, em um cargueiro de terceira classe, o vapor Curvello, do Loyd Brasileiro. Como não havia lugar na primeira classe, e para não viajar na terceira, os atletas resolveram dormir nos refeitórios e comer junto com os passageiros na primeira classe. Contudo, só dormiam quando o último freqüentador deixava o restaurante e levantavam antes que o primeiro ali chegasse pela manhã. Partindo do Rio de Janeiro, o navio aportou em várias cidades: Recife, Ilha da Madeira, Leixões, Havre e Lisboa. Da capital portuguesa, seguiram para o local da Olimpíada de trem, atravessando Espanha e França, e chegando à cidade de Antuérpia a 28 do mesmo mês e ano.

Na planície de Bewerloo, perto da baixada de Waterloo, local das provas, Afrânio Costa, atirador brasileiro, fez amizade com o chefe da equipe dos Estados Unidos, Cel. George Sanders, e com Raymond Bracken e Alfred Lane, estes, então, campeões mundiais e olímpicos de Tiro. Afrânio, enquanto os norte-americanos jogavam xadrez, opinava sobre os lances; tornaram-se amigos. Verificando a precariedade dos armamentos dos brasileiros, emprestaram duas Colt 22 e, muito gentilmente, com grande espírito de *fair play* e solidariedade, cederam ainda dois mil cartuchos e cinqüenta alvos.

Foi assim que no dia 3 de agosto, seis dias após o desembarque, Guilherme Paraense, Afrânio Costa e a equipe puderam conquistar três medalhas olímpicas, respectivamente ouro, prata e bronze, vencendo vários competidores, inclusive o norte-americano Bracken.

Se em 1920 houvesse a Comissão Internacional do Fair Play, ligada à UNESCO e ao Comitê Olímpico Internacional, o norte-americano Raymond Bracken, certamente, receberia o primeiro prêmio da categoria *Gesto de Fair Play*. Cedendo armas e munição, ele deixou de ganhar, em nosso favor, um título olímpico. Hoje, estaria na relação dos olímpicos norte-americanos vencedores do ouro. Ele proporcionou-nos um feito memorável na história do Olimpismo Brasileiro.

Em uma confirmação da incipiência do esporte brasileiro naquela época, não obtivemos melhores classificações na modalidade de Remo pelo fato de nossos barcos estarem desconformes com os utilizados pelas demais nações do mundo e o nosso competidor de Saltos Ornamentais desconhecer detalhes dos regulamentos internacionais.

Os resultados

Ouro

Tiro (pistola de tiro rápido) (individual, distância: 30 m, 30 tiros)
Guilherme Paraense (274 pontos)

Prata

Tiro (pistola de tiro livre) (individual, distância: 50 m, 60 tiros)
Afrânio Costa (489 pontos)

Bronze

Tiro (pistola livre equipe) (distância: 50 m) (2.264 pontos)
Afrânio Costa (pistola, 489 pontos)
Dario Barbosa (revólver, 439 pontos)
Fernando Soledade (pistola livre, 424 pontos)
Guilherme Paraense (revólver, 458 pontos)
Sebastião Wolf (fuzil, 454 pontos)

4º lugar

Remo (quatro com patrão, distância: 2.000 m) (> 7min2s)
Ângelo Gammaro
Ernesto Flores Filho (patrão ou timoneiro)
Guilherme Lorena
João Jório
Orlando Amendola

Tiro (pistola de tiro rápido, distância: 30 m – equipe) (1.261 pontos)
Afrânio da Costa
Dario Barbosa
Fernando Soledade
Guilherme Paraense
Sebastião Wolf

6º lugar

Pólo aquático

Abrahão Saliture	Edgard Ribeiro
Adhemar Serpa	João Jório
Angelu Gammaro	Mangangá
Carlos Lopes	Orlando Amendola
Chocolate	Pedro
Dudu	Roberto Trompowsky (técnico)

7º lugar

Saltos ornamentais (plataforma: 10 m) (423,8 pontos)
Adolpho Wellish

8º lugar

Saltos ornamentais – masculino (Plataforma: altura livre) (153 pontos)
Adolpho Wellish

6
VIII Jogos Olímpicos de Paris (1924)

Uma coleta para ir aos Jogos

Não houve grande interesse dos dirigentes esportivos do Rio de Janeiro na inscrição do Brasil nos Jogos Olímpicos de 1924, que se realizaram em Paris. Diante da falta de uma verba do governo da União, a Confederação Brasileira de Desportos desistiu, em nível federal, da participação brasileira naquele evento de âmbito internacional.

Em razão da ausência de uma iniciativa nesse sentido, os esportistas de São Paulo, chefiados pelo jornalista Américo Neto, do jornal *O Estado de São Paulo*, decidiram formar uma equipe olímpica com atletas de São Paulo, com pleno apoio da Federação Paulista de Atletismo.

Aquele órgão de imprensa lançou uma campanha pública para arrecadar o numerário necessário para as despesas da nossa delegação. O empresário e esportista Alberto Byington contribuiu com a quantia de um conto de réis, fato que estimulou a nossa presença nos Jogos. A lista somava 40 contos de réis.

A delegação nacional era muito reduzida, composta por, somente, 11 pessoas que participavam das provas de Tiro, Atletismo e Remo, chefiados pelo próprio jornalista Américo Neto.

Quebrando a imobilidade dos dirigentes do Rio de Janeiro, por esforço e recursos próprios, dois cariocas participaram das provas: os irmãos Edmundo e Carlos Castello Branco, que obtiveram um honroso quarto lugar na prova de *doublé scull* de remo. Todos os demais representantes do Brasil obtiveram resultados técnicos após o décimo lugar.

Os resultados

4º lugar

*Remo (*double sculls*, distância: 2.000 m) (> 6min38s)*
   Carlos Castello Branco
   Edmundo Castello Branco

9. Johnny Weissmuller foi o primeiro nadador a baixar 1 min nos 100 m livres nos Jogos Olímpicos de 1924. Ele ficou famoso, também, por ter sido o primeiro Tarzan do cinema.

7
X Jogos Olímpicos de
Los Angeles (1932)

Vergonha e heroísmo

Precisamos levar em conta que a história da participação do Brasil nos Jogos Olímpicos nem sempre é um relato sucessivo de glórias. Há, também, fatos pouco edificantes que demonstram a imaturidade e escassez de formação de alguns dirigentes do esporte nacional de então.

Eles se revelaram nas Olimpíadas de 1932, realizadas em Los Angeles, e nas de 1936, em Berlim. Foram acontecimentos que atestavam o subdesenvolvimento endêmico brasileiro no contexto nacional.

O esporte não era, ainda, um valor aceito dentro de nossa cultura. Dessa maneira, as entidades governamentais não proporcionaram o suporte econômico para a participação brasileira nos Jogos Olímpicos de Paris, em 1924. Como foi visto, os que conseguiram se deslocar até a capital da França o fizeram por conta própria ou por intermédio de coletas, como mencionado no capítulo anterior. Assim, também, essa falta de apoio impediu que a nossa bandeira passasse diante do público no desfile dos Jogos Olímpicos de Amsterdã, na Holanda, em 1928.

A mesma ausência de visão gerou uma situação vergonhosa nos Jogos Olímpicos realizados em Los Angeles, em 1932. Dirigentes esportivos conseguiram uma cota de café que seria vendida nos Estados Unidos para garantir as despesas de inscrição e hospedagem de nossos atletas. Este café fazia parte dos excedentes de produção que o governo mantinha em estoque para garantir o seu preço internacional.

Foi cedido para o transporte dos 82 atletas membros da delegação e, obviamente, das 55.000 sacas de café, o navio Itaquece. A própria delegação cozinhava e mantinha os camarotes habitáveis.

Para evitar o pagamento das taxas cobradas pelo Canal do Panamá, a marinha posicionou dois canhões na proa do navio da Cia. de Navegação costeira cedido à nossa delegação, rotulando-o como navio de guerra.

O engodo não pegou e a embarcação ficou retida no Canal do Panamá por quatro dias, até que chegassem os recursos suficientes para a sua liberação.

O Itaquece seguiu viagem chegando ao porto de San Pedro, a 19 km de Los Angeles. O estoque de café de nada serviu, e o preço de um dólar necessário para o desembarque de cada atleta tornou proibitiva a participação da maioria dos membros da delegação. Uma vergonha! Muitos, embora estivessem só a 19 km de Los Angeles, ficaram no navio, sem poder participar. Somente os que possuíam melhores chances de êxito e, por cortesia, também Maria Lenk, nossa única participante feminina, tiveram permissão para desembarcar e competir. Assim, nossa grande campeã foi a primeira sul-americana a participar de Jogos Olímpicos. Foram 32 os atletas escolhidos. Eles integravam nossas equipes de Pólo Aquático, Remo e Atletismo.

Sob toda essa tensão, obviamente, nosso desempenho foi decepcionante. Somente Lúcio de Castro chegou a uma final. Obteve o nono lugar com o resultado de 3,90 m no salto com vara.

O fato edificante que compensou essa vergonhosa história ficou por conta do marinheiro Adalberto Cardoso. Saindo do Itaquece, ele foi embora a pé e de carona no percurso entre o porto e o estádio. Chegou minutos antes da prova dos 10.000 metros. Correu descalço e com o uniforme incompleto. Estava exausto e mal-alimentado.

A história do atleta brasileiro naquele 31 de julho de 1932 teria passado despercebida se o locutor do estádio, Bill Henry, não tivesse informado o público da luta de Adalberto, absolutamente consonante com o espírito olímpico. Adalberto foi um dos atletas mais aplaudidos. No dia seguinte, o jornal *Los Angeles Times* chamou-o de *Iron Man* (*O Homem de Ferro*).

X Jogos Olímpicos de Los Angeles (1932)

10. Maria Lenk foi a primeira mulher brasileira a participar dos Jogos Olímpicos, em 1932. Em 1940, quando era recordista mundial e deveria conquistar medalhas, os Jogos foram suspensos em razão da II Guerra Mundial.

Contrastando com o ato heróico, nossa delegação deu mais uma demonstração de subdesenvolvimento e imaturidade da época. A equipe de Pólo Aquático foi eliminada dos Jogos. Após perder por 6 a 1 dos Estados Unidos, ao terminar o jogo contra a Alemanha, em que também havia perdido por 7 a 3, os nossos conterrâneos ofenderam os adversários com gestos agressivos e jogaram água no juiz da partida, o húngaro Bela Komjadi. Uma vergonha!

Os resultados

4º lugar

Remo (dois com patrão, distância: 2.000 m) (8min53s2)
Bricio (patrão)
Stefano Strata
José Ramalho (Paraná)

5º lugar

Remo (double sculls, *distância: 2.000 m, masculino) (7min57s8)*
Adamor Pinho Gonçalves
Henrique Tomasini

6º lugar

Atletismo (salto com vara, masculino) (3,90 m)
Lúcio de Castro

Obs.: Semanas antes das Olimpíadas, em torneio no Panamá, saltou 4,27 m, novo recorde sul-americano não homologado por ausência de um fiscal credenciado. Com esse salto, teria sido medalha de bronze, mas, em Los Angeles, com uma vara ultrapassada, não conseguiu melhor marca.

7º lugar

Natação (revezamento 4 x 200 m, livre) (10min36s5)
Benevenuto Nunes
Isaac Soares
Manoel Silva
Manoel Villar

Remo (quatro com patrão) (7min29s4)
  Américo Garcia Fernandes
  Durval Bellini Ferreira Lima
  João Francisco de Castro
  Olivério Kosta Popovitch
  Osório Antônio Pereira

8º lugar

Atletismo (salto em extensão, distância) (6,43 m)
  Clovis Raposo

Atletismo (revezamento 4 x 100 m, masculino) (> 41s4)
  Arnaldo Ferrara
  José Xavier de Almeida
  Mário de Araújo Marques
  Ricardo Vaz Guimarães

9º lugar

Atletismo (corrida 10.000 m) (tempo não disponível)
  Adalberto Cardoso

Natação (200 m, peito, feminino) (3min26s6)
  Maria Lenk

8
XI Jogos Olímpicos de Berlim (1936)

Olimpíada e hegemonia racial

Os Jogos Olímpicos de 1936 em Berlim ainda repercutem nos dias de hoje, oito décadas após a sua realização. Eles tiveram uma organização e um envolvimento que ultrapassaram todos os eventos até então realizados. Lamentavelmente, estavam voltados para uma ideologia que pregava a hegemonia da raça ariana. A Olimpíada foi disputada poucos anos antes da deflagração da II Guerra Mundial, que deixou centenas de milhares de mortos em todo o planeta.

11. Delegação do Brasil nos Jogos Olímpicos de Berlim.

A tese da supremacia ariana caiu por terra diante dos olhos de todo o mundo no momento em que um negro, Jesse Owens, venceu a prova dos 100 m, demonstrando que os Jogos Olímpicos nunca poderiam ser o palco para a defesa de uma desigualdade. Os negros norte-americanos triunfaram nas principais provas de atletismo.

Hoje, para a glória do Olimpismo, da igualdade racial e do próprio esporte, a avenida que leva ao Estádio Olímpico de Berlim chama-se Jesse Owens, uma demonstração evidente de que a ideologia de uma época não mais subsiste em um país democrático. Era fundamental este preâmbulo antes de comentar a participação brasileira naquele certame.

Nesses Jogos, nosso país enfrentou mais um vexame. Mandamos duas delegações para nos defender: a mais numerosa, representada pela Confederação Brasileira de Desportos, que detinha o apoio do governo brasileiro; e a outra, do Comitê Olímpico Brasileiro, chamada de *as especializadas*, considerada oficial pelo Comitê Olímpico Internacional e, obviamente, pela organização da Olimpíada.

A situação vexatória, segundo nos conta o estudioso gaúcho Henrique Licht, somente foi solucionada nas vésperas da inauguração dos Jogos pela intervenção do embaixador brasileiro na Alemanha, Muniz de Aragão, que promoveu a paz entre as duas facções e apresentou à organização uma só delegação, pondo fim a uma posição constrangedora para nosso país.

Foi feita uma nova designação para as vagas disponíveis e, no Remo e nos esportes coletivos, uma fusão, com o reescalonamento das equipes.

No fim das contas, a nossa presença técnica foi muito modesta. Dos 94 competidores brasileiros (88 homens e seis mulheres), não obtivemos nenhuma medalha.

João Havelange, mais tarde presidente da CBD e da FIFA, também integrou a delegação brasileira, competindo na prova dos 1.500 m de nado livre. Além de dirigente, Havelange foi excelente nadador e vencedor da Travessia de São Paulo a Nado daquele mesmo ano, 1936.

XI Jogos Olímpicos de Berlim (1936)

12. A viagem dos brasileiros foi feita de navio. Uma piscina foi improvisada para que nossos nadadores não perdessem a forma. No alto, o técnico Carlos de Campo Sobrinho.

13. A última viagem em navio para uma disputa dos Jogos Olímpicos ocorreu em 1936 (Berlim). Nos Jogos seguintes, o transporte foi de avião.

Os resultados

5º lugar

Atletismo (corrida: 400 m com barreiras, masculino) (54 s)
Sylvio de Magalhães Padilha

Obs.: Em uma das semifinais, atingiu 52s3, novo Recorde Sul-Americano e Brasileiro, um tempo melhor do que o da decisão.

Natação (400 m, livre, feminino) (5min35s3)
Piedade Coutinho

Tiro (carabina atirador deitado, masculino, distância: 50 m) (296 pontos)
José Salvador Trindade

8º lugar

Natação (100 m, livre, feminino) (1min9s6)
Piedade Coutinho

9º lugar

Basquete (masculino)

Albano	Montanarini
Arno Frank (técnico)	Nelson
Baiano	Pavão
Cacau	Pilla
Martinez	Zelaya

10º lugar

Atletismo (salto em extensão, masculino) (7,05 m)
Márcio Castellar de Oliveira

Esgrima (espada, individual, masculino) (4 pontos)
Henrique Vallim

Natação (200 m, peito, feminino) (3min17s2)
Maria Lenk

9
XIV Jogos Olímpicos
de Londres (1948)

Primeira medalha em esportes coletivos

Os Jogos de Londres aconteceram após 12 anos de intervalo da última disputa olímpica. O mundo estava emergindo de um período cruento da II Guerra Mundial, durante o qual as Olimpíadas de 1940 (programadas para Tóquio) e de 1944 não foram realizadas.

É bom explicar ao leitor a diferença entre os termos Olimpíadas e Jogos Olímpicos. Eles não são sinônimos. Olimpíada corresponde à unidade de tempo de quatro anos, o intervalo entre a disputa de dois Jogos Olímpicos. Dessa maneira, os anos de 1916, 1940 e 1944 são contados numericamente como Olimpíadas, embora neles não tenham sido disputados os Jogos Olímpicos.

Na época da Olimpíada de 1940, a nadadora brasileira Maria Lenk estava no ápice de sua forma e de posse dos recordes mundiais das provas de nado de peito. A suspensão dos Jogos tirou-lhe a possibilidade da conquista de uma medalha de ouro para o Brasil.

Londres aceitou realizar os Jogos Olímpicos como missão de sacrifício. Ainda permaneciam as seqüelas da conflagração mundial no sentimento do povo e na economia, que ainda não havia se refeito da penúria que as guerras provocaram na maioria dos países participantes. Toda a Inglaterra enfrentava forte racionamento de alimento e combustível. Quem participou desses Jogos contemplou a olho nu o efeito dos bombardeios nazistas, especialmente das bombas V1 e V2, precursoras dos mísseis modernos de longo alcance. As circunstâncias socioeconômicas da época não permitiram a participação da Alemanha, Japão e União Soviética. Mesmo assim, 59 países e 4.064 atletas tomaram parte no evento.

Com o advento da modernidade, dessa vez, a delegação brasileira viajou de avião. Ela era composta por 120 pessoas, das quais apenas 72 eram atletas. Um grande avanço da "cartolagem". Dadas as circunstâncias, o Brasil levou cozinha própria, despachando os alimentos com antecedência, por via marítima. Para não romper com nossa tradição de subdesenvolvimento, não se sabe por que cargas d'água parte desses alimentos chegou imprópria para o consumo, e a outra parte restante foi devorada por estômagos desconhecidos. Apesar de tudo, os atletas não passaram fome.

A delegação partiu no dia 24 de julho do Galeão e chegou no dia seguinte em Londres, com uma escala em Recife. Por falta de comunicação, não havia ninguém esperando. Superando o problema inicial, a equipe de Basquete ficou confortavelmente hospedada em um alojamento de West Drayton com o requinte de uma grande lareira e água quente em todos os quartos.

Dentro do aspecto técnico, estes Jogos Olímpicos se destacaram pelo fato de o Brasil ter conquistado sua primeira medalha em uma modalidade coletiva, o Basquete. Foi a primeira vez que subimos ao pódio em 28 anos, pois, desde 1920, este fato não acontecia.

O técnico da equipe foi Moacyr Brondi Daiuto, e os jogadores foram Alexandre Gemignani, Évora, Algodão, Pacheco, Marson, Rui de Freitas, Alfredo Mota, Guilherme, João Francisco Braz e Marcos Vinicius.

Além dessa festejada medalha, obtivemos um quinto lugar com Geraldo de Oliveira no salto triplo, com 14,82 m (começava aí a nossa tradição nesta prova), e Ralf Zumbano no pugilismo.

A natação conseguiu três sextos lugares. O que deve ser mais comentado é o de Piedade Coutinho, que se classificou em sexto lugar nos 400 m de nado livre, após, também, ter sido finalista (quinto lugar) nesta mesma prova em 1936, em Berlim, 12 anos antes. Willy Otto Jordan e a nossa equipe feminina de revezamento 4 x 100 m também foram destaques.

14. Equipe do Brasil medalha de bronze em Londres (1948), a primeira em um esporte coletivo.

Os resultados

Bronze

Basquete (masculino)

Alexandre	Marcos
Alfredo	Marson
Algodão	Massenet
Braz	Moacyr Daiuto (técnico)
Evora	Pacheco
Guilherme	Ruy
Luis	

5º lugar

Atletismo (salto triplo) (14,82 m)
   Geraldo de Oliveira

Pugilismo (boxe) (leves, entre 58 e 62 kg)
   Ralf Zumbano

6º lugar

Natação (400 m, livre, feminino) (5min29s)
   Piedade Coutinho

Natação (200 m, peito, masculino) (2min46s4)
   Willy Jordan

Natação (revezamento 4 x 100 m, livre, feminino) (4min49s1)
   Eleonora Schmidt
   Maria Angélica Leão da Costa
   Piedade Coutinho Azevedo Silva Tavares
   Talita Rodrigues

7º lugar

Hipismo (equitação – concurso completo – adestramento dressage *– 114 resistência + 72; salto – 10: total – 52)*
   Aécio Morrot Coelho (montaria, cavalo Guapo)

8º lugar

Atletismo (salto triplo, masculino (14,49 m)
   Hélio da Silva

Natação (revezamento 4 x 200 m, livre) (9min31s)
    Aran Boghossian
    Rolf Kestener
    Sérgio Rodrigues
    Willy Jordan

9º lugar

Natação (100 m, costas, masculino) (1min10s1)
    Paulo Fonseca

10º lugar

Hipismo (equitação, salto individual) (20 pontos)
    João Franco Pontes (montaria, cavalo Itaguaí)

Iatismo (vela, classe swallow*) (2.798 pontos)*
    Carlo Rodolpho Borchers
    Victorio Walter dos Reis Ferraz

10
XV Jogos Olímpicos de Helsinque (1952)

Ouro de volta!

Em 1952, os vestígios da destruição causada pela II Guerra Mundial já tinham sido parcialmente apagados. O espírito predominante era o da reconstrução, embora perdurassem, ainda, alguns marcos da destruição causada por obuses e ataques aéreos. O momento era de outra guerra: a Guerra Fria. O país que foi escolhido para liderar os Jogos Olímpicos, uma grande comunhão em torno do esporte, foi a Finlândia.

Em circunstâncias bem melhores do que as encontradas pela Inglaterra, quatro anos antes, o certame ampliou o número de concorrentes para 69 países e 4.925 atletas. Alemanha, Japão e União Soviética retornavam ao rol dos concorrentes.

O povo finlandês, que tem o esporte em altíssimo nível dentro de sua escala de valores, viveu cada instante daquele evento, desde a chegada da primeira delegação até o momento final, em que se extinguiu a chama olímpica.

A tocha, carregada pelo lendário atleta Paavo Nurmi, fez explodir o estádio. Cada prova desse evento foi um acontecimento em uma cidade que não tinha as dimensões das sedes anteriores, mas compensava este aspecto pela vibração do seu povo. Esta foi a Olimpíada em que o tcheco Emil Zatopeck ganhou a alcunha de *Locomotiva Humana,* e seu nome se projetou como um dos mais famosos atletas do mundo.

Esta foi a Olimpíada de Adhemar Ferreira da Silva. Após uma participação apagada em Londres, sob a vigilância de seu técnico Dietrich Gerner, ele havia, tecnicamente, melhorado muito, e acabou saltando 16,22 m e obtendo a medalha de ouro.

Adhemar foi o mais popular atleta visitante nos Jogos Olímpicos de Helsinque por um fator fortuito. Na passagem do ano de 1949 para 1950, a *A Gazeta Esportiva* havia convidado para competir na Corrida de São Silvestre outro ícone do esporte finlandês: Viljo Heino.

15. Adhemar Ferreira da Silva, o herói dos Jogos de Helsinque.

Como é natural, toda a colônia daquele país radicada em São Paulo não só acompanhava, mas dava um precioso atendimento a Heino. Entre eles, em especial, os irmãos Ritva e Jussi Letho. O espírito comunicativo de Adhemar integrou-o ao grupo. Ele acabou aprendendo muitas palavras em finlandês e a tocar e cantar canções tradicionais e folclóricas daquela nação nórdica.

Quando chegou em Helsinque, de violão debaixo do braço, ele não se fez de rogado. Cantou tudo o que sabia na língua local, para o espanto e deleite de

16. Tetsuo Okamoto foi bronze nos 1.500 m.

seus ouvintes, mais do que loiros, branquelos. Imagine um atleta de cor negra proporcionando todo aquele emocionante espetáculo?

Quando Adhemar venceu o salto triplo, o público recebeu o fato com extremo carinho, foi como se um conterrâneo houvesse vencido. Ele foi um dos atletas mais aplaudidos em Helsinque.

Adhemar, porém, não foi nosso único medalhista. Houve mais outras conquistas do bronze olímpico. Muito significativo foi o terceiro lugar de Tetsuo Okamoto na prova de 1.500 m, com 10min51s3. Este resultado técnico correspondeu, na ocasião, aos recordes brasileiro e sul-americano. O importante a ser ressaltado é que esta foi a primeira medalha olímpica obtida pelo esporte aquático brasileiro.

O outro bronze foi registrado no atletismo, por José Teles da Conceição, que, passando pelo sarrafo em 1,98 m, também bateu os recordes brasileiro e sul-americano de salto em altura.

Os resultados

Ouro

Atletismo (salto triplo) (16,22 m, Recorde Mundial, Olímpico, Sul-Americano e Brasileiro)
    Adhemar Ferreira da Silva

Bronze

Atletismo (salto em altura) (1,98 m, Recorde Sul-Americano e Brasileiro)
    Jose Telles da Conceição

Natação (1.500 m, livre) (18min51s3/10, Recorde Sul-Americano e Brasileiro)
    Tetsuo Okamoto

4º lugar

Atletismo (salto em extensão, masculino) (7,23 m)
Ary Façanha de Sá

Hipismo (equitação) (Prêmio das Nações, individual) (8 faltas)
Eloy de Menezes (montaria, cavalo Biguá)

Hipismo (Prêmio das Nações, equipes) (56,50 faltas)
Álvaro Toledo (montaria, cavalo Eldorado I) (28 faltas)
Eloy Menezes (montaria, cavalo Biguá) (8 faltas)
Renyldo Ferreira (montaria, cavalo Bibelot) (20,50 faltas)

5º lugar

Futebol (maculino)

Adésio	Guerra	Milton
Amaury	Humberto	Newton Alves Cardoso (técnico)
Antoninho	Illo	Paulinho Almeida
Benê	Jansen	Vavá
Carlos Alberto	Larry	Waldir
Edison	Marçal	Wassil
Evaristo de Macedo	Mauro	Zozimo

Obs.: Compareceu com elenco juvenil e disputou com seleções titulares de outros países, pretensamente amadoras.

Pugilismo (boxe) (médios-ligeiros, entre 67 e 71 kg)
Paulinho de Jesus

Pugilismo (boxe) (meio-pesados, entre 75 e 81 kg)
Lúcio Grotone

6º lugar

Basquete (masculino)

Alfredo	Braz	Raymundo
Algodão	Godinho	Ruy de Freitas
Almir	Hermes	Thales
Angelim	Manoel Rodrigues Leite Pitanga (técnico)	Tião
Bombarda	Mayr	Zé Luis

Pentatlo moderno (masculino equipes) (equitação, 5.000 m (94); Esgrima (42); Tiro (70); Natação, 300 m (34); Corrida, 313 pontos (73)) (terceiro colocado em Esgrima e Tiro)
- Aloysio Alves Borges
- Eduardo Leal de Medeiros
- Eric Tinoco Marques

Saltos ornamentais (trampolim, altura: 3 m, masculino) (115,91 pontos)
- Milton Busin

7º lugar

Atletismo (salto triplo) (14,95 m)
- Geraldo de Oliveira

Iatismo (vela, classe dragon) (2.884 pontos)
- Francisco Isoldi
- Peter Mangels
- Wolfgang Richter

8º lugar

Tiro (carabina atirador deitado, distância: 50 m, masculino) (398 pontos, 22 mosca)
- Severino Moreira

9º lugar

Iatismo (vela, classe finn*) (3.711 pontos)*
   Alfredo Bercht

10º lugar

Pentatlo moderno (masculino) (80 pontos)
   Eduardo Leal Medeiros

11
XVI Jogos Olímpicos de Melbourne (1956)

Adhemar é bi!

Até o ano de 1956, seis décadas após a sua restauração, apenas por duas vezes os Jogos Olímpicos haviam sido realizados fora da Europa, assim mesmo nos Estados Unidos. Dessa maneira, a programação daquele certame em Melbourne, na Austrália, em plena Oceania, já trazia um grande diferencial: o geográfico.

A distância que existia entre a cidade-sede dos Jogos e os países concorrentes, além de alguns fatores de natureza política, causaram uma queda no número de participantes. Apesar da evolução do esporte no quadriênio anterior, houve 3.342 atletas inscritos, quantidade correspondente à dos Jogos que foram realizados na década de 1920.

A distância não foi a única a influir nesta redução. Conflitos de natureza política levaram o Egito, a China, a Espanha e a Holanda a não concorrerem. As provas de Hipismo acabaram sendo realizadas na Suécia, em razão de uma epidemia eqüina que graçava naquela época.

O Brasil, salvo uma nova vitória de Adhemar Ferreira da Silva, apresentou resultados que continuaram deixando a desejar. O Basquete, medalhista em 1948, não passou do quinto posto. Teve azar no sorteio, pois caiu na chave dos Estados Unidos e da União Soviética, os adversários mais fortes.

17. Éder Jofre foi 5º nos Jogos. Mais tarde, foi Campeão Mundial dos Galos.

Na classificação geral, apareceram alguns valores que dariam muitas glórias ao nosso país nos anos posteriores, como Éder Jofre, Wlamir Marques, Amaury e Nelson Pessoa Filho.

O ouro de Adhemar Ferreira da Silva, de 16,35 m, foi uma marca superior à da vitória de 1952, em Helsinque, quando ele havia saltado 16,22 m. Ele retornou da terra dos cangurus com os recordes brasileiro, sul-americano e olímpico. Competindo dois anos mais tarde, no Pan-americano realizado no México, ele saltou 16,56 m e registrou o novo recorde mundial.

Os resultados

Ouro

Atletismo (salto triplo) (16,3535 m, Recorde Olímpico, Sul-Americano e Brasileiro)
Adhemar Ferreira da Silva

5º lugar

Pugilismo (boxe) (galos, entre 51 e 54 kg)
Éder Jofre

6º lugar

Atletismo (corrida 200 m, masculino) (21s3)
José Teles da Conceição

Basquete (masculino)
Algodão
Amaury
Angelim
Bombarda
Edson Bispo
Fausto
Jamil
Jorge
Mário Amâncio Duarte (técnico)
Mayr
Nelson
Wlamir Marques
Zé Luis

7º lugar

Ciclismo (km contra-relógio) (1min12s7)
Anésio Argenton

8º lugar

Tiro (carabina atirador deitado, distância: 50 m, masculino) (597 pontos)
Severino Moreira

9º lugar

Ciclismo (velocidade scratch, distância: 1.000 m) (> 11s4)
Anésio Argenton

10º lugar

Hipismo (equitação) (saltos, equipes) (228,5 pontos)
Eloy Massey de Oliveira Menezes (montaria, cavalo Biguá)
Nelson Pessoa Filho (montaria, cavalo Relincho)
Renyldo Pedro Guimarães Ferreira (montaria, cavalo Bibelot)

Iatismo (vela) (classe sharpie) (1.349 pontos)
Alfredo Jorge Ebling Bercht
Rolf Fernando Bercht

12
XVII Jogos Olímpicos
de Roma (1960)

Em 1960, os Jogos Olímpicos retornaram à Europa, para Roma, a Cidade Eterna, capital do Cristianismo e famosa por seus monumentos históricos. O certame voltou a ter uma participação ampla com a presença das grandes potências que não haviam competido em Melbourne: Egito, Espanha, China e Holanda.

Os recursos para a construção do Estádio Olímpico vieram por intermédio da Loteria Esportiva, o *Totocalcio*, e permitiram uma administração tranqüila aos organizadores do evento.

Tecnicamente, essa foi a competição que, mais uma vez, revelou a hegemonia da natação australiana e inscreveu a maratona como uma das mais consagradas entre todas as provas da intensa programação olímpica. Isto aconteceu por obra do inesquecível Abebe Bikila, um soldado da guarda do imperador etíope Haile Selassie. Bikila, correndo descalço pelas colinas de Roma, triunfou com méritos e tornou-se o primeiro africano a vencer a prova de 41.200 m. Outros, ao longo dos tempos, consolidaram o bom desempenho do continente negro nas provas atléticas. Foi, também, o evento em que Cassius Clay, um ícone do pugilismo, conquistou seu primeiro título consagrador, quando ainda era amador.

Nessa Olimpíada, o Brasil continuou com sua míngua de medalhas, apesar da evidência de alguma evolução no panorama do subdesenvolvimento endêmico. A capital nacional já estava em Brasília, a indústria automobilística lançava seus primeiros modelos e algumas estradas asfaltadas tornavam acessíveis muitas áreas isoladas do nosso país.

Um dos dois bronzes obtidos teve como autor Manoel dos Santos Junior, na prova dos 100 m no nado livre, competindo de igual para igual com o lendário nadador australiano John Devitt. Manoel, segundo testemunhas oculares, não foi bem na virada. Não fosse este detalhe, nosso esporte aquático teria retornado de Roma com um ouro consagrador.

A demonstração cabal que o grande nadador, nascido em Guararapes, era efetivamente o melhor do mundo ficou comprovada quando, dois anos mais tarde, ele batia o recorde mundial dos 100 m no nado livre, no Rio de Janeiro, na piscina do C. R. Guanabara, com 53s6.

Nesse dia, um dos autores desta obra, então presidente da Federação Paulista de Natação e redator de esportes aquáticos de *A Gazeta Esportiva,* abriu algumas garrafas de champanhe, comemorando o feito com seus companheiros de redação.

A outra medalha foi proveniente do Basquete. Uma equipe integrada por Amaury, Wlamir Marques, Algodão, Rosa Branca, Mosquito, Succar, Edson, Jathir etc. somente não foi mais adiante pelas vicissitudes do sorteio das chaves. Perderam para os Estados Unidos e União Soviética, embora na rodada preliminar tivessem vencido os soviéticos.

Da mesma forma que Manoel dos Santos, esta equipe, dirigida pelo técnico Kanela, obteve depois o título de bicampeão mundial, em certame realizado no Chile.

Os Jogos Olímpicos de Roma registraram, ainda, o ocaso de Adhemar Ferreira da Silva. Fumante e com uma vida desregrada, o bicampeão olímpico, no 14º posto, nem se classificou para o turno final. Mesmo assim, Adhemar foi muito aplaudido. Conta-se que as primeiras palmas para ele foram puxadas pelo cantor norte-americano Bing Crosby, um símbolo da música mundial naquela época.

18. Em foto atual, três integrantes da equipe de Basquete que foi bronze em Roma: Rosa Branca, Edson Bispo e Mosquito. Esses jogadores, nos anos seguintes, tornaram-se bicampeões mundiais.

Os resultados

Bronze

Basquete (masculino)

Algodão	Moysés
Amaury	Rosa Branca
Edson Bispo	Succar
Freitas	Waldemar
Jathir	Waldir
Kanela (técnico)	Wlamir
Mosquito	

Natação (100 m, livre) (55s4)
Manoel dos Santos Junior

5º lugar

Ciclismo (velocidade scratch, *distância: 1.000 m) (11s6)*
Anésio Argenton

Iatismo (vela) (classe finn*) (5.176 pontos)*
Reinaldo Conrad

6º lugar

Ciclismo (1.000 m contra-relógio) (1min9s96, Recorde Brasileiro)
Anésio Argenton

9º lugar

Iatismo (vela) (classe star*) (3.466 pontos)*
Cid de Oliveira Nascimento
Jorge Pontual

13
XVIII Jogos Olímpicos de Tóquio (1964)

Brasil: 69 atletas e uma só medalha

Da mesma forma que ocorrera oito anos antes, os atletas dos países esportivamente desenvolvidos tiveram que viajar muito para chegar ao local dos Jogos Olímpicos. A cidade-sede era Tóquio, capital do Japão, longe da Europa e dos Estados Unidos. Para nós, brasileiros, ficava do outro lado do mundo.

O Japão, que havia perdido uma guerra 19 anos antes e sido alvo da bomba atômica, teve condições de realizar uma Olimpíada que se caracterizou pela ordem e organização. Ajudado pelos próprios Estados Unidos, seu algoz na II Guerra Mundial, em 1964 o país do Sol Nascente já tinha se transformado em uma potência econômica, com condições de investir o que fosse necessário para o grande sucesso, que, efetivamente, aconteceu.

Tecnicamente, podemos dizer que foram os Jogos Olímpicos dos norte-americanos que conquistaram a hegemonia da Natação e venceram o maior número de provas no atletismo.

Individualmente, os Jogos de Tóquio consagraram Dawn Fraser, que obteve sua terceira medalha de ouro nos 100 m no nado livre. Ela foi a primeira mulher a realizar esta prova abaixo de um minuto, repetindo a façanha de John Weissmuler na prova masculina, quarenta anos depois. Foi também no Japão que despontou outra lenda do atletismo: Valery Brumel.

O Brasil, dessa vez, obteve só uma medalha. Apesar de todos os esforços para garantir a presença de uma delegação de 69 pessoas, nossa principal classificação foi um bronze no Basquete masculino e um quarto lugar, de Aída dos Santos, protagonista de uma comovente história como a única mulher de toda a equipe nacional. Favelada do Morro do Arroz, em Niterói, participando despretenciosamente de uma competição em São Caetano do Sul, alcançou 1,64 m, que correspondia ao índice olímpico da prova de salto em altura. A surpresa foi tão grande que foi solicitada uma confirmação daquela *performance*, fato que ocorreu dois dias depois, no Maracanã. Em Tóquio, enfrentando todas as dificuldades por ser a única brasileira nos alojamentos femininos, ela conseguiu a marca de 1,74 m.

19. Mais uma vez, o Basquete foi destaque. Na foto, o jogador Mosquito.

O Basquete era a principal esperança de ouro na Olimpíada do Japão. Nos anos precedentes, havia sido bicampeão mundial da modalidade, e estava lá com o inesquecível esquadrão composto por Amaury, Wlamir, Jathir, Succar,

Mosquito, Rosa Branca, Edson, Edvar etc. Outro aspecto importante é que, em 1964, passaram a integrar a programação olímpica as modalidades de Judô e Vôlei, que nas Olimpíadas subseqüentes dariam grandes glórias para o Brasil.

A verdade é que, ainda nessa Olimpíada, a defasagem entre a quantidade de integrantes da nossa delegação e o número de medalhas obtidas era muito grande. O Brasil continuava bem distante dos principais países olímpicos.

Os resultados

Bronze

Basquete (masculino)
- Amaury
- Brito Cunha (técnico)
- Edson
- Edvar
- Fritz
- Jathir
- Macarrão
- Mosquito
- Rosa Branca
- Succar
- Ubiratan
- Victor
- Wlamir

4º lugar

Atletismo (salto em altura, feminino) (1,74 m)
- Aida dos Santos

5º lugar

Hipismo (salto) (Prêmio das Nações) (20 faltas)
- Nelson Pessoa Filho (montaria, cavalo Huipil)

Judô (médios, entre 68 e 80 kg)
- Lhofei Shiozawa

Pugilismo (boxe) (meio-médio ligeiros, entre 60 e 63,5 kg)
João Henrique da Silva

7º lugar

Iatismo (vela) (classe finn) (4.956 pontos)
Joerg Bruder

Vôlei (masculino)
Carlos Arthur Nuzman
Carlos EduardoFeitosa
Décio Viotti de Azevedo
Giuseppe Mezzasalma
Hamilton Leão de Oliveira
João Cláudio França
José Maria Schwart da Costa
Josias de Oliveira Ramalho
Marco Antonio Volpi
Newton Emanuel de Victor
Pedro Barbosa Andrade de Oliveira
Samy Mehlinski (técnico)
Victor Mário Barcellos Borges

14
XIX Jogos Olímpicos do México (1968)

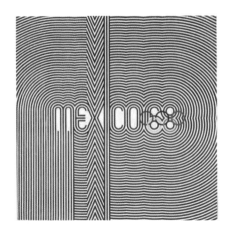

Doze minutos como recordista mundial

A América Latina sediou pela primeira vez uma disputa dos Jogos Olímpicos, em 1968, quando este evento já possuía mais de sete décadas de existência.

Essa Olimpíada foi realizada em uma época de grande efervescência na história da humanidade, tanto no panorama da política externa quanto interna. Foi o ano da revolta dos estudantes na França, da Primavera de Praga, da morte de Martin Luther King, do movimento pela liberdade dos negros norte-americanos, do assassinato de Bob Kennedy, irmão de John Kennedy e candidato à presidência dos Estados Unidos.

Todos esses movimentos sociopolíticos repercutiram intensamente em manifestações de competidores no pódio ou fora dele, especialmente por parte dos negros norte-americanos (*black power*) e de atletas tchecos revoltados com a União Soviética.

Tecnicamente, os Jogos Olímpicos disputados a uma altitude de 2.235 m propiciavam resultados excepcionais no atletismo, sobretudo nas provas de salto e velocidade. Como decorrência desse fato, foram batidos os recordes mundiais dos 100, 200 e 400 m rasos e os do salto em extensão e triplo.

Pela primeira vez, a barreira dos 10 s foi ultrapassada pelo norte-americano Jim Hines. Este foi um fato histórico, pois, depois da década de 1950, discutia-se se o homem pisaria na lua antes ou depois que um atleta corresse os 100 m em menos de 10 s. Neil Armstrong somente chegou àquele satélite um ano depois, em 20 de julho de 1969.

A prova do salto triplo também foi sensacional, pois, a cada tentativa, era travada uma árdua disputa entre o soviético Victor Saneyev e o nosso Nelson Prudêncio. O atleta brasileiro chegou a ser recordista do mundo por 12 min. No final da competição, Saneyev venceu com 17,28 m e o nosso Nelson Prudêncio ficou com a prata, com um salto de 17,27 m.

20. Nelson Prudêncio. No decurso da prova do salto triplo, ele bateu o recorde mundial, que foi, a seguir, superado por Saneyev.

Nessa Olimpíada, Tommie Smith também quebrou a barreira dos 20 s nos 200 m rasos, percorrendo o percurso em 19s18.

A participação brasileira continuou deixando a desejar. A *cota* de uma ou duas medalhas por Olimpíada melhorou, subindo para três, mas, sem dúvida, estava muito abaixo do que se poderia esperar de uma nação com a população e a potencialidade econômica de nosso país. O esporte ainda tinha muitos espaços a serem preenchidos na escala de valores de nossa população.

As medalhas complementares vieram com as conquistas de Servilio de Oliveira, no Pugilismo, e da dupla Reinaldo Conrad e Burkhard Cordes, no Iatismo, na categoria *flying dutchmann.*

O Basquete, mais uma vez, tropeçaria nos Estados Unidos e na União Soviética, ficando com a quarta colocação. Também na quarta colocação, nos 100 m no nado de peito, ficou o campineiro Sylvio Fiolo que, tempos mais tarde, bateria o recorde mundial desta prova.

Os resultados

Prata

Atletismo (salto triplo) (17,27 m, Recorde Mundial por alguns minutos, Sul-Americano e Brasileiro)
   Nelson Prudêncio

Bronze

Iatismo (vela) (classe flying dutchmann*) (48,4 pontos)*
   Burkhard Cordes
   Reynaldo Conrad

Pugilismo (boxe) (moscas, até 51 kg)
   Servilio de Oliveira

4º lugar

Basquete (masculino)
- Brito Cunha (técnico)
- Edvar
- Hélio Rubens
- Joy
- Macarrão
- Menon
- Mosquito
- Rosa Branca
- Scarpini
- Succar
- Ubiratan
- Wlamir
- Zé Geraldo

Natação (100 m, peito, masculino) (1min8s1)
- Sylvio Fiolo

7º lugar

Hipismo (equitação) (Nações equipes) (138 faltas)
- José Roberto Reynoso Fernandes (montaria, cavalo Cantal) (54,50 faltas)
- Lúcia Weinschcek de Faria (montaria, cavalo Rush du Camp) (44,75 faltas)
- Neco (montaria, cavalo Pass Op) (38,75 faltas)

Iatismo (vela) (classe star*) (74,4 pontos)*
- Axel Schmidt
- Erik Schmidt

Remo (double sculls, distância: 2.000 m) (7min4s13)
- Edgard Gijsen
- Harry Edmundo Klein

9º lugar

Iatismo (vela) (classe finn*) (90 pontos)*
- Joerg Bruder

Vôlei (masculino)

- Feitosa
- Gerson
- Jens
- Jorge
- José Maria
- Marco Antônio
- Mário
- Moreno
- Paulo Emmanuel da Hora Matta (técnico)
- Paulo Roberto
- Sérgio Telles
- Victor
- Viotti

10º lugar

Atletismo (salto em altura, feminino) (1,74 m)

- Maria da Conceição Cypriano

15
XX Jogos Olímpicos de Munique (1972)

Terroristas matam israelenses

Pode-se afirmar que os Jogos Olímpicos de 1972 tiveram o objetivo de desdizer toda a atmosfera política que cercou o mesmo certame realizado em 1936, quando a Alemanha era dominada pelo nazismo. Após a derrota do país e do espírito hitlerista, a nação germânica voltava a ser uma potência econômica e democrática no seu lado ocidental. Ela ainda estava dividida entre a ocidental, ligada aos Estados Unidos e aliados da Europa, e a oriental, que seguia mais de perto o socialismo soviético. Excepcionalmente, para a disputa desta competição, que se realizava no lado ocidental, uniram-se as duas Alemanhas.

Visando deixar para trás os sentimentos gerados pela segunda grande guerra, a segurança dos estádios não era feita por militares ou policiais fardados. Eles usavam um uniforme esportivo azul e branco, cujo boné azul chamava a atenção.

A paz era o grande tema destes Jogos, e a revoada de 5.000 pombos na abertura simbolizou plenamente os almejos dos organizadores. Mas foi justamente o objetivo mais importante daquele evento e de todo o Olimpismo que recebeu o golpe que o marcou negativamente em toda a história do esporte.

Um grupo de oito terroristas palestinos, aproveitando-se da cortesia do policiamento (sempre desarmado), penetrou no alojamento israelense, matou dois competidores e fez nove reféns na pequena delegação. Exigiram um avião e impuseram outras condições para regressar ao Oriente Médio. Eles visavam obter a libertação de duzentos palestinos presos em Israel. O percurso dos reféns e dos seqüestradores para o aeroporto militar, onde foram recebidos por atiradores de elite, foi feito em dois helicópteros. Houve um tiroteio e dois seqüestradores foram mortos, mas um terceiro teve oportunidade de lançar uma granada no aparelho em que ainda estavam os reféns. Este explodiu, e todos os ocupantes morreram. Grande parte da delegação judaica de 31 pessoas não voltaria com vida de Munique. Infelizmente, este confronto entre israelenses e palestinos perdura até hoje, continuando a ter grande destaque no noticiário diário dos jornais e TVs mais importantes de todo o mundo.

O impacto causado por esse fato foi tão grande que se pensou em suspender os próprios Jogos Olímpicos. No dia seguinte, porém, em um estádio quase lotado, uma verdadeira multidão aguardava a decisão do presidente do Comitê Olímpico Internacional, Avery Brundage, que informou a todos que os Jogos prosseguiriam: "The Games must go on".

O autor deste capítulo, que cobria essa Olimpíada para *A Gazeta Esportiva*, mandou, na época, seu comentário sobre o fato. Disse que a vítima dos terroristas acabou sendo o espírito olímpico, talvez mais danificado que a própria delegação de Israel.

Este acontecimento continuaria repercutindo durante o restante da quinzena dos Jogos não fosse ele absorvido por acontecimentos positivos e relevantes provenientes da própria área do esporte, especificamente na área da Natação. Na grandiosa piscina do Estádio Olímpico, construída especialmente para os Jogos, Mark Spitz obteve uma proeza inédita até os dias atuais: venceu sete provas. Obteve sete medalhas de ouro em uma única Olimpíada, batendo vários recordes mundiais.

Neste evento, ocorreu, ainda, uma discutida derrota do Basquete dos Estados Unidos para a União Soviética, por 51 a 50.

Na prova do salto com vara, Wolfgang Nordurg passou pelo sarrafo que estava a uma altura de 5,50 m com um equipamento pouco sofisticado, usado há três décadas e meia. O que impressionou quem estava acompanhando a competição de Atletismo foi uma multidão de 51.000 pessoas ficar aguardando por mais de meia hora o último salto de um atleta, quando as demais provas já tinham terminado. Sinal de cultura que, infelizmente, até hoje ainda não chegou ao povo brasileiro.

21. Mark Spitz tem, até hoje, o recorde de medalhas de ouro em uma Olimpíada.

Em Munique, os jornalistas foram bem tratados. Pela primeira vez, o noticiário era transmitido via *telex*, por operadores da própria organização. Cada jornalista tinha um escaninho, onde eram colocados os resultados, informes importantes e até alguns *souvenirs*, como as primeiras *Gilletes G2*, com duas lâminas, que eram uma novidade.

O Press Center tinha um restaurante próprio, requintado e uma alimentação condizente com a diversidade de paladares de profissionais provenientes de todas as partes do mundo.

Tecnicamente, a participação dos brasileiros deu continuidade à rotina de um retorno modesto, se comparado ao número de 89 atletas (sendo cinco mulheres) que nos defenderam. Conseguimos em toda a Olimpíada somente duas medalhas de bronze: uma de Nelson Prudêncio, que alcançou 17,05 m no salto triplo, mantendo a tradição brasileira nesta prova, e a outra de Chiaki Ishii, na categoria de meio pesado, no judô.

Tivemos três quartos lugares, dois em Iatismo e um em Natação, demonstrando que em algumas provas já começávamos a nos aproximar mais dos primeiros que dos últimos classificados.

Os resultados

Bronze

Atletismo (salto triplo) (17,05 m)
   Nelson Prudêncio

Judô (meio-pesados, entre 86 e 95 kg)
   Chiaki Ishii

4º lugar

Iatismo (vela) (classe flying dutchman*) (62,4 pontos)*
   Burkhard Cordes
   Reinaldo Conrad

Iatismo (vela) (classe star*) (52,7 pontos)*
   Joerg Bruder
   Jan Willen Aten

Natação (revezamento 4 x 100 m livre, masculino) (3min33s14, Recorde Sul-Americano)
   José Aranha
   Paulo
   Paulo Zanetti
   Ruy

5º lugar

Natação (revezamento 4 x 100 m, medley, masculino) (3min57s89, Recorde Sul-Americano)
    José Diniz Aranha
    Rômulo Arantes
    Sergio Waismann
    Sylvio Fiolo

6º lugar

Iatismo (vela) (classe soling) (64,7 pontos)
    Axel Schmidt
    Erick Schmidt
    Patrick Mascarenhas

Natação (100 m, peito, masculino) (1min6s24)
    Sylvio Fiolo

7º lugar

Basquete (masculino)

Adilson	Joy	Pedroca (técnico)
César	Márcio	Radvilas
Dodi	Marquinhos	Roberto
Edvar	Martins Kanela (técnico)	Ubiratan
Fransérgio	Menon	Zé Geraldo
Hélio Rubens	Mosquito	

Iatismo (vela) (classe tempest) (73,7 pontos)
    Mário Buckup
    Peter Ficker

Judô (absolutos, livre 80 a 93 kg)
    Chiaki Ishii

8º lugar

Tiro (fossa olímpica) (191 pontos)
Marcos Olsen

Vôlei (masculino)

Abeid	Hélio Silveira de Morais Pinto (técnico)
Aderval	Jens
Bebeto	Marcelino
Celso	Moreno
Décio	Paulo Russo
Delano	Procópio
Eymard	Sérgio
Hélio	Valderbi Romano (técnico)

9º lugar

Iatismo (vela) (classe finn*) (105,7 pontos)*
Cláudio Biekarck

Natação (100 m, livre, masculino) (53s47)
José Diniz Aranha

16
XXI Jogos Olímpicos de Montreal (1976)

Bronze para João

Em 1976, os Jogos Olímpicos retornavam para a América. Foi uma disputa com direito à Rainha Elisabeth no palanque e muita euforia dos canadenses. Montreal era a sede do maior evento do esporte mundial, embora pairasse no ar a preocupação com algum problema semelhante ao que ocorrera nos Jogos anteriores, em Munique, com o ataque à delegação de Israel por um grupo terrorista palestino. Nada, felizmente, sucedeu.

A disputa no Canadá, entretanto, não ficou imune à política. Por razões do *apartheid*, que vigorava na ocasião, o Comitê Olímpico Internacional havia estabelecido uma recomendação para que todos os países evitassem qualquer intercâmbio esportivo com a África do Sul, o que não foi seguido pela equipe de rúgbi da Nova Zelândia. Esperava-se que este país fosse impedido de participar, o que não aconteceu. Como conseqüência, em protesto à presença dos neozelandeses, 32 nações deixaram de comparecer aos Jogos, 24 das quais da África.

A discriminação racial, sem dúvida, é odiosa, mas causar a ausência da quarta parte dos concorrentes por segregação racial não é punir o racismo, mas o próprio Olimpismo.

Se os Jogos Olímpicos perdiam desse lado, ganhavam de outro. A compensação veio por meio do avanço da tecnologia das telecomunicações e da televisão, que já os tornavam acessíveis à população de todos os países pelo advento do videoteipe. A beleza do espetáculo deixava de ser, aos poucos, um privilégio exclusivo das cidades-sedes e espalhava-se por todas as nações do mundo. A partir de Montreal, a telecomunicação chegou ao requinte de tornar possível assistir, ao vivo, a toda a grandiosidade do espetáculo e às diversas modalidades em disputa.

Tecnicamente, estes foram os Jogos de Nádia Comaneci. O progresso dos meios de comunicação levou sua graça e beleza a encantar todo o Universo. Uma garota de 14 anos conquistava o mundo. Levou para a Romênia três medalhas de ouro e a glória de ser a primeira ginasta a obter uma nota dez. Na ocasião, a Alemanha ainda estava dividida em dois países: o lado oriental e um satélite soviético, sob influência do regime comunista, que dominou as provas de Natação feminina.

O Brasil compareceu aos Jogos do Canadá com uma delegação de 93 atletas, dos quais 17 eram mulheres. Mais uma vez, uma representação de quase cem pessoas retornou da competição com a *cota* reduzida que se tornava até histórica de duas medalhas, e de bronze.

É verdade que a quantidade de quartos lugares já indicava algum progresso.

O primeiro bronze poderia ter sido ouro. Todas as expectativas nacionais estavam voltadas para a participação de João Carlos de Oliveira. Nosso *João do Pulo* era detentor do recorde mundial da prova no salto triplo, conquistado no ano anterior, nos Jogos Pan-americanos realizados na Cidade do México, com 17,89 m. Em Montreal, ele saltou 16,90 m. O outro triplista brasileiro, Nelson Prudêncio, que havia sido medalha de prata nos Jogos de 1958, realizados na Cidade do México, não passou do décimo lugar na primeira eliminatória, não obtendo classificação.

A segunda medalha de bronze conquistada por atletas brasileiros ocorreu no Iatismo: Peter Ficker e Reynaldo Conrad, no *flying dutchman*, repetiram o feito da Olimpíada anterior.

22. João do Pulo, bronze nos Jogos Olímpicos. Mais tarde, recordista mundial.

Os resultados

Bronze

Atletismo (salto triplo) (16,90 m)
   João Carlos de Oliveira

Iatismo (vela) (classe flying dutchman) (52,10 pontos)
   Peter Ficker
   Reynaldo Conrad

4º lugar

Atletismo (salto em extensão ou distância, masculino) (8 m)
João Carlos de Oliveira

Futebol (masculino)

Alberto	Erivelto	Marinho
Batista	Eudes	Mauro
Carlos	Fernando	Ricardo
Chico Fraga	Fonseca	Rosemiro
Cláudio Coutinho (técnico)	Jarbas	Santos
Edinho	Julinho	Tecão
Edval	Júnior	Zé Carlos

Iatismo (vela) (classe finn*) (54,7 pontos)*
Cláudio Biekarck

Natação (400 m, livre, masculino) (3min57s18)
Djan Madruga

Natação (1.500 m, livre, masculino) (15min19s84)
Djan Madruga

5º lugar

Atletismo (corrida 200 m) (20s84)
Ruy da Silva

Pugilismo (boxe) (médios, entre 71 e 75 kg)
Fernando Martins

7º lugar

Vôlei (masculino)

Abeid
Bebeto
Bernard
Carlos Souto (técnico)
Celso
Eloi
Fernandão

Moreno
Paulo
Russo (técnico)
Sérgio
Suíço
William
Zé Roberto

8º lugar

Tiro (carabina atirador deitado, distância: 50 m, masculino) (592 pontos)
Durval Guimarães

9º lugar

Tiro (pistola livre, distância: 50 m) (556 pontos)
Bertino Alves de Souza

10º lugar

Iatismo (vela) (classe soling) (81,4 pontos)
Andréas Wengert
Gastão Brun
Vicente Brun

Remo (dois com patrão, masculino, 2.000 m) (8min14s44)
Atalíbio Mangioni
Nilton Alonço
Wandir Kuntze

17
XXII Jogos Olímpicos de Moscou (1980)

Olimpíada atrás da cortina

Após anos seguidos de Guerra Fria e de um escasso intercâmbio entre cidadãos do leste e do oeste, a realização de uma edição dos Jogos Olímpicos em Moscou tinha o grande diferencial no encontro entre duas culturas e regimes diversos.

Mais uma vez, e, dessa maneira, de forma ainda mais intensa, os Jogos foram alvo da política. A invasão do Afeganistão pela União Soviética deu um pretexto para o presidente dos Estados Unidos, Jimmy Carter, decretar o boicote aos Jogos, procurando obter idêntica atitude dos países sob sua influência. Com esse fato, conseguiu alijar dos Jogos Olímpicos nada menos de 61 países, entre os quais alguns com expressivo poderio esportivo, como o Japão e a Alemanha Ocidental. Este golpe político de Carter deixou para Moscou uma *meia Olimpíada*. Mais uma vez defendemos o conceito de que a agressão não foi ao país-sede, mas ao próprio Olimpismo.

Brasileiros que foram à União Soviética contam histórias do rigoroso controle a que foram submetidos os concorrentes e os visitantes. Nem por isso, a realização do evento deixou de ser brilhante, entusiasmada e bem organizada.

A queixa geral centrou-se na arbitragem, criticada pelo protecionismo aos donos da casa. Os Jogos realizavam-se em um momento em que os países socialistas queriam comprovar sua hegemonia por intermédio do número de medalhas. Era o vencer de qualquer forma.

23. A grandiosidade dos Jogos de Moscou (1980).

Alguns até acreditam que a atitude dos norte-americanos em não comparecer aos Jogos foi uma forma de não se expor a uma comparação, que, provavelmente, não lhes seria favorável. O nosso João Carlos de Oliveira e Nádia Comaneci foram duas vítimas deste espírito de vencer a qualquer custo, o que levou os soviéticos a conquistar quatro entre cada dez medalhas em disputa.

Os brasileiros compareceram com uma delegação de 109 atletas (15 mulheres), a maior que, até então, haviam levado aos Jogos Olímpicos.

Com 61 países a menos nos Jogos, o nosso desempenho melhorou. Conquistamos duas medalhas de ouro no Iatismo, uma de bronze no Atletismo e uma de bronze na Natação.

O primeiro ouro foi obtido na classe tornado, tripulada por Alex Welter e Lars Bjorstrom, este um sueco naturalizado brasileiro; O segundo ouro foi conquistado na classe 470, com Eduardo Penido e Marcos Soares.

O bronze de João do Pulo foi obtido em circunstâncias que desagradaram o público brasileiro. Ele saltou 17,22 m. Entre os 12 saltos nas fases eliminatórias e final, nove foram anulados pelos juízes soviéticos, alguns de modo inexplicável e, sem dúvida, para favorecer a Vicktor Saneyev, então ídolo do país anfitrião. Um desses saltos de 17,80 m seria medalha de ouro, pois o primeiro colocado, Jaak Udmae da URSS, alcançou apenas 17,35 m e o próprio Saneyev, que ficou com a prata, 17,24 m. Esse episódio permanece como um grande e lamentável exemplo de falta de ética desportiva e *fair play*.

O outro bronze veio da equipe masculina de revezamento 4 x 200 m, nado livre, integrada por Cyro Delgado, Djan Madruga, Jorge Fernandes e Marcus Mattioli, que, na ocasião, bateu o recorde sul-americano com o resultado técnico de 7min29s30.

24. Os Jogos estavam intimamente ligados, também, ao aspecto turístico. Na foto, o teatro Bolshoi.

Os resultados

Ouro

Iatismo (vela) (classe tornado) (21,40 pontos)
Alex Welter
Lars Bjorkstrom

Iatismo (vela) (classe 470) (36,40 pontos)
Eduardo Penido
Marcos Soares

Bronze

Atletismo (salto triplo) (17,22 m)
João Carlos de Oliveira

Natação (revezamento 4 x 200 m, livre, masculino) (7min29s30, Recorde Sul-Americano)
Cyro Delgado (1min52s35)
Djan Madruga (1min52s20)
Jorge Fernandes (1min52s96)
Marcus Mattioli (1min52s90)

4º lugar

Atletismo (corrida 800 m, masculino) (1min46s2)
Agberto Guimarães

Iatismo (vela) (classe finn) (53 pontos)
Cláudio Biekarck

Natação (400 m, livre, masculino) (3min54s15)
Djan Madruga

5º lugar

Atletismo (corrida revezamento 4 x 400 m, masculino) (3min5s9)
Agberto Guimarães
Antonio Ferreira
Geraldo Pegado
Paulo Correia

Basquete (masculino)
Adilson
André
Cadum
Carioquinha
Cláudio Mortari (técnico)
Gilson
Gustavo
Luiz
Marcel
Marcelo Vido
Marquinhos
Oscar
Pedroca (técnico)
Saiani
Wagner

Judô (médios, entre 78 e 86 kg)
Walter Carmona

Natação (400 m, medley, *masculino) (4min26s81)*
Djan Madruga

Pugilismo (boxe) (médios-ligeiros, entre 67 e 71 kg)
Chiquinho de Jesus

Pugilismo (boxe) (penas, entre 54 e 57 kg)
Sidnei dal Rovere

Vôlei (masculino)
- Amauri
- Badalhoca
- Bernard
- Bernardinho
- Deraldo
- João
- Montanaro
- Moreno
- Paulo Russo (técnico)
- Renan
- Suíço
- William
- Xandó

6º lugar

Iatismo (vela) (classe solling) (47,1 pontos)
- Gastão Brun
- Roberto Luiz Martins
- Vicente Brun

7º lugar

Vôlei (feminino)
- Denise
- Eliana
- Ênio Figueiredo Silva (técnico)
- Fernanda
- Isabel
- Ivonette
- Jacqueline
- Josenildo de Carvalho (técnico)
- Lenice
- Maria
- Paula
- Regina
- Rita
- Vera Mossa

8º lugar

Atletismo (revezamento 4 x 100 m, masculino) (39s54)
- Altevir Araújo Filho
- Katsuhico Nakaya
- Milton Castro
- Nelson dos Santos

Iatismo (vela) (classe flying dutchman*) (63,4 pontos)*
    Manfred Kalfmann
    Reinaldo Conrad

Natação (revezamento 4 x 100 m, medley*) (3min53s23, Recorde Sul-Americano)*
    Cláudio Kestener
    Djan Madruga
    Rômulo Arantes
    Sérgio Ribeiro

Remo (quatro com patrão, masculino, distância: 2.000 m) (6min33s29)
    Henrique Johann
    Laildo Machado
    Manoel Therezo Novo
    Walter Soares
    Wandir Kuntze

9º lugar

Iatismo (vela) (classe star*) (85 pontos)*
    Eduardo de Souza Ramos
    Peter Erzberger

Judô (meio-médios, entre 71 e 78 kg)
    Carlos Alberto Cunha

Tiro (pistola livre, distância: 50 m) (558 pontos)
    Silvio Carvalho de Aguiar e Souza

18
XXIII Jogos Olímpicos de Los Angeles (1984)

Oito medalhas desta vez!

O comitê organizador praticamente não investiu quase nada nas instalações esportivas para a realização dos Jogos Olímpicos de Los Angeles. Aproveitou a estrutura que a cidade já possuía e, ao que parece, ninguém se queixou de qualquer precariedade. A solenidade inaugural foi no mesmo estádio em que já havia assistido à abertura da Olimpíada realizada em 1932, mais de meio século antes. O futebol foi no Orange Bowl, outro grande estádio da cidade, e os alojamentos tiveram por lugar a famosa UCLA, Universidade Califórnia – Los Angeles, com tantos aposentos para os alunos que deu para acolher todas as delegações visitantes. Não houve vila para a imprensa, pois a rede hoteleira da cidade era suficiente para abrigar a mídia e ainda os turistas, interessados em presenciar todos os eventos que integram os Jogos. Com as despesas reduzidas, o certame terminou com grande *superavit* que, após as finais, foi dividido entre as várias instituições para o desenvolvimento do esporte norte-americano. Os Estados Unidos organizaram os Jogos sem nenhum tostão do dinheiro público, unicamente apoiados pela iniciativa privada.

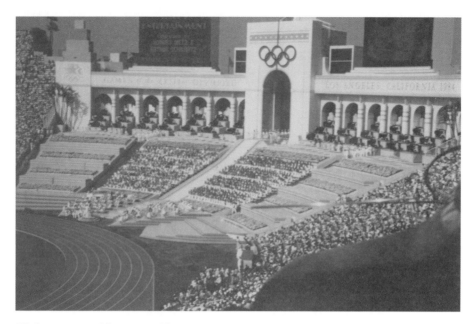

25. O mesmo estádio, construído para os Jogos de 1932, serviu, meio século depois, para o evento de 1984, e ele estava em forma.

Nestes Jogos, mais uma vez, foi sentida a influência nefasta da política. Considerando o boicote anterior, em Moscou pelos norte-americanos, os soviéticos deram o troco. Também não compareceram e, dessa vez, arrastaram com essa atitude 13 países que deixaram de competir. Mesmo assim, o evento teve uma participação recorde de 140 nações e 6.797 atletas.

Dentro do aspecto técnico, cada Jogos Olímpicos sempre lança um grande astro ou mais, que se torna verdadeiro marco daquela disputa. Em Los Angeles, foi a vez de Carl Lewis, que conseguiu amealhar sete medalhas em todos os anos que participou dos Jogos. O vencedor da maratona foi o português Carlos Lopes, conhecido dos brasileiros por suas participações na Corrida de São Silvestre.

O Brasil compareceu com uma equipe de 151 atletas (22 mulheres) e contava com o patrocínio, como os Estados Unidos, de empresas privadas.

Estes Jogos corresponderam a um divisor de águas entre a desilutória cota de duas medalhas por evento para a conquista de oito, uma delas de ouro, mérito do brasiliense Joaquim Cruz nos 800 m rasos. Entre os destaques brasileiros, esteve Ricardo Prado, medalha de prata nos 400 m no nado *medley*, prova em que era recordista mundial.

26. O próprio público formou as bandeiras dos países disputantes. Um espetáculo inesquecível.

A segunda das cinco medalhas de prata conquistadas pelo Brasil foi obtida pelo judoca Douglas Vieira, na categoria dos meio-pesados. O Judô não deixou por menos e faturou mais duas de prata, com o excelente desempenho de Walter Carmona, no peso médio, e de Luis Onmura, nos pesos leves.

A terceira prata foi obtida na classe *soling*, com a tripulação composta por Torben Grael, Daniel Adler e Ronald Senfft.

A quarta foi no Futebol. Nosso país foi representado por uma equipe de jovens do Internacional de Porto Alegre, ainda amadores, e que levaram o Brasil até a final contra a França. Naquela equipe, estavam Mauro Galvão e Dunga, que, mais tarde, defenderiam a seleção brasileira, este último também na qualidade de técnico.

27. Ricardo Prado foi prata nas provas de natação.

A lista de medalhistas de prata é completada por nossa seleção masculina de Vôlei, que iniciava sua série de grandes atuações. O Brasil começava a ser uma das maiores potências do Vôlei mundial. Nesta seleção já estavam William, Montanaro, Renan, Xandó, Amaury e outros. Bebeto de Freitas, mais tarde presidente do Botafogo, era o técnico, assistido pelo competente José Carlos Brunoro.

Apesar de todo este êxito, ficamos no 37º posto da classificação geral extraoficial. Por sua população e desenvolvimento econômico, o Brasil, na época, deveria estar, no mínimo, entre os 15 primeiros, especialmente se lembrarmos que não estavam participando 13 países do bloco soviético.

Os resultados

Ouro

Atletismo (corrida 800 m rasos) (1min43s, Recorde Olímpico e Sul-Americano)
Joaquim Cruz

Prata

Futebol (masculino)

Ademir	Jair Picerni (técnico)	Milton Cruz
André Luiz	Jorginho	Paulo
Chicão	Luis Carlos Winck	Pinga
Dunga	Luis Henrique	Ronaldo
Gilmar	Mauro Galvão	Silvinho
Gilmar Popoca	Kita	

Iatismo (vela) (classe soling) (43,40 pontos)
Daniel Adler
Ronald Senfft
Torben Grael

Judô (meio-pesados entre 86 e 95 kg)
Douglas Vieira

Natação (400 m, medley) (4min18s45, Recorde Sul-Americano e Brasileiro)
Ricardo Prado

Vôlei (masculino)

Amauri	Montanaro
Badalhoca	Renan

Bebeto (técnico)
Bernard
Bernardinho
Fernandão
Maracanã

Ruy
Vinicius
William
Xandó

Bronze

Judô (leves, entre 65 e 71 kg)
Luis Onmura

Judô (médios, entre 78 e 86 kg)
Walter Carmona

4º lugar

Atletismo (corrida 200 m, masculino) (20s30)
João Batista da Silva

Natação (200 m, costas, masculino) (2min3s05)
Ricardo Prado

Remo (dois com patrão, distância: 2.000 m, masculino) (7min17s07)
Ângelo Rosso
Nilton Alonço (Patrão)
Valter Hime Soares

Tiro (pistola de tiro rápido, distância: 25 m) (591 pontos, desempate: 141)
Delival Nobre

6º lugar

Iatismo (vela) (classe flyng dutchman*) (61,7 pontos)*
Alan Adler
Marcus Temke

7º lugar

Iatismo (vela) (classe tornado) (74,7 pontos)
Glein Haynes
Lars Grael

Judô (extraleves, até 60 kg, masculino)
Luis Shinohara

Judô (meio-leves, entre 60 e 65 kg, masculino)
Sérgio Sano

Remo (quatro com patrão, masculino, distância: 2.000 m) (6min47s13)
André Berezin
Denis Marinho
Laildo Machado
Luiz Alfredo
Manoel Therezo Novo

Tiro (pistola esportiva, feminino, distância: 25 m) (578 pontos)
Débora Srour

Vôlei (feminino)
Ana Richa
Eliani
Jacqueline
Jorge Barros Araújo (técnico)

Ênio Figueiredo Silva (técnico)
Fernanda
Heloisa
Ida
Isabel

Luiza
Mônica
Regina
Sandra
Vera Mossa

8º lugar

Atletismo (revezamento 4 x 100 m, masculino) (39,40 s)
Arnaldo da Silva
Katsuhico Nakaya
Nelson dos Santos
Paulo Correia

Iatismo (vela) (classe finn) (78,7 pontos)
Jorge Zarif Neto

Remo (dois sem patrão, distância: 2.000 m, masculino) (7min3s97)
Ricardo Carvalho
Ronaldo Carvalho

9º lugar

Basquete (masculino)

Adilson
Agra
Brito Cunha (técnico)
Cadum
Carioquinha
Gerson
Israel

José Medalha (técnico)
Marcel
Marcelo
Marquinhos
Nilo
Oscar
Silvio

10º lugar

Hipismo (equitação) (saltos, equipe) (133,5 pontos)
Caio Sergio de Carvalho (montaria, cavalo Virtuoso)
Jorge Rodrigues Carneiro (montaria, cavalo Testarudo)
Marcelo Blessman (montaria, cavalo Alpes)
Vitor Alves Teixeira (montaria, cavalo)

Natação (revezamento 4 x 100 m, livre, masculino) (3min27s33)
Cyro Delgado
Djan Madruga
Jorge Fernandes
Ronald Menezes

Tiro (tiro ao prato) (188 pontos)
Marcos Olsen

19
XXIV Jogos Olímpicos de Seul (1988)

Ouro de Aurélio

Em 1988, os Jogos Olímpicos retornaram para a Ásia e contemplaram como sede a Coréia do Sul, país que apresentava um grande desenvolvimento econômico na ocasião e permanece com altos índices de progresso até os dias atuais.

Ao contrário de Los Angeles, que, praticamente, nada investiu em instalações esportivas, a Coréia do Sul precisou construir estádios e demais instalações para as disputas da maior parte das modalidades do programa olímpico. Governo e iniciativa privada deram-se as mãos para que resultasse à cidade uma estrutura esportiva que pudesse ser utilizada por muitas décadas.

A essa altura da história, o país já estava dividido entre a Coréia do Norte, socialista, e a Coréia do Sul, separadas pelo paralelo 38.

Sem a interferência predatória da política, apesar da distância dos locais de concentração dos países participantes, os Jogos de Seul totalizaram 8.465 atletas procedentes de 159 nações. Não se tratava mais da disputa de *meia Olimpíada*.

O entusiasmo, especialmente dos coreanos, foi enorme. A população foi compensada pela beleza do evento com o qual tanto tinham sonhado. Além da magnitude do espetáculo inaugural, os Jogos de Seul apresentaram muitas particularidades pelas quais devem ser lembrados. A primeira foi a vitória de Ben Johnson, um jamaicano naturalizado canadense, com impressionantes 9,79 s para os 100 m rasos. Exames posteriores demonstraram que ele estava sob ação de *doping*. Ele havia tomado, nos últimos tempos, tal quantidade de anabolizantes que o próprio perfil de seu corpo fugia à normalidade, comprovada pela proeminência de sua musculatura. Ainda no decurso dos Jogos, Ben Johnson foi desclassificado e sua medalha revertida a Carl Lewis. Fez parte da comissão médica que avaliou os exames de Johnson o brasileiro Eduardo Henrique de Rose, mais tarde eleito presidente da Federação Internacional de Medicina do Esporte.

Outro fato importante foi o triunfo de Antony Nesty, do Suriname, nos 200 m no nado borboleta. Ele foi o primeiro negro a vencer uma prova de natação em uma Olimpíada.

O rigor do Comitê Olímpico Internacional em relação aos preceitos em defesa do amadorismo havia arrefecido, após quase um século de Olimpismo. A importância de subir ao pódio já adquirira um significado, também, econômico, além do orgulho pessoal do campeão. Para chegar àqueles degraus, um atleta tinha, na maioria das modalidades, de se dedicar em tempo integral aos treinamentos, não sobrando espaço para qualquer trabalho, para a sua própria subsistência. O triunfo deixava de ser uma questão de orgulho pessoal para tornar-se uma necessidade, uma justificativa ou um retorno pelas vantagens recebidas. A atividade esportiva passou a ser remunerada por patrocinadores ou por governos que se beneficiavam das vitórias obtidas.

Lamentavelmente, a obrigação de vencer levou a uma série de ilicitudes, das quais uma das mais simbólicas é representada pelo *doping*, uma enfermidade que afeta a essência do esporte, pois quebra o princípio da igualdade entre os disputantes.

Em 1952, o atleta Adhemar Ferreira da Silva, em nome do amadorismo, foi obrigado a recusar uma casa ofertada à sua família por intermédio de uma subscrição encabeçada pela *A Gazeta Esportiva*. Em 1988, uma casa foi oferecida à genitora do atleta Robson Caetano, pela medalha de bronze obtida em Seul na prova dos 200 m rasos sem nenhum problema.

O próprio Comitê Olímpico Internacional passou a vender o patrocínio dos Jogos a grandes empresas multinacionais e a angariar grande quantidade de recursos com a concessão de direitos de TV. As emissoras de todo o mundo são altamente interessadas na transmissão direta e ao vivo de um dos maiores espetáculos da Terra. Esses direitos têm um alto custo, e permitem ao COI administrar toda a sua atividade, longe da penúria de seus primeiros anos.

Em sua participação nos Jogos Olímpicos de Seul, o Brasil obteve seis medalhas: uma de ouro, duas de prata e três de bronze. Foram duas a menos do que nos Jogos de Los Angeles, em 1984, mas nem por isso podemos dizer que decaímos. Dessa vez não houve boicote e essas medalhas foram conquistadas dentro do universo total do Olimpismo, isto é, todos os países filiados ao Comitê Olímpico Internacional.

A medalha de ouro coube ao consagrado judoca Aurélio Miguel e a de prata foi de Joaquim Cruz nos 800 m rasos. Ele havia sido ouro na Olimpíada anterior, realizada em Los Angeles.

28. Aurélio Miguel, o único ouro em Seul.

A outra prata foi conquistada pela equipe brasileira de Futebol. Nesse ano já não havia restrição à participação de profissionais e a nossa seleção levou para a Coréia alguns de seus ídolos, como Romário, Taffarel, André Cruz, Neto, Bebeto etc. Mas de nada adiantou contarmos com este esquadrão, pois perdemos para a União Soviética na prorrogação, após um empate no tempo regulamentar da final olímpica.

Entre as três medalhas de bronze, destacamos Robson Caetano, que a conquistou na prova dos 200 m rasos, com o tempo de 20s04.

As outras duas foram obtidas no iatismo, na classe *star*, Nelson Falcão e Torben Grael, e, na classe tornado, Clínio de Freitas e Lars Grael demonstraram mais uma vez o bom nível dessa modalidade em eventos internacionais, que muito contribuiu para o número de medalhas brasileiras nos Jogos Olímpicos.

Outra particularidade dos Jogos realizados na Coréia foi a grande diferença da comida típica, considerada muito estranha pela maioria dos países participantes. A delegação nacional procurou se alimentar sem utilizar os pratos locais. Os restaurantes típicos não fizeram grande sucesso entre os visitantes.

29. Os Jogos da Coréia do Sul, em 1988, sucesso inesquecível.

30. Recorde de público no estádio construído especialmente para os Jogos.

Os resultados

Ouro

Judô (categoria meio-pesados, entre 86 e 95 kg)
   Aurélio Miguel

Prata

Atletismo (corrida 800 m) (1min43s90)
Joaquim Cruz

Futebol (masculino)

Ademir	Edmar	Neto
Aloísio	Geovani	Ricardo Gomes
Andrade	João Paulo	Romário
André Cruz	Jorginho	Taffarel
Batista	Luis Carlos Winck	Valdo
Bebeto	Mazinho	Zé Carlos
Careca	Milton	
Carlos Alberto Silva (técnico)	Nelsinho	

Bronze

Atletismo (corrida 200 m, masculino) (20,04 s)
Robson Caetano da Silva

Iatismo (vela) (classe star) (50 pontos)
Nelson Falcão
Torben Grael

Iatismo (vela) (classe tornado) (40,1 pontos)
Clinio de Freitas
Lars Grael

4º lugar

Vôlei (masculino)

Amauri	Pampa
Bebeto (técnico)	Paulão

Carlão
Léo
Maracanã
Mauricio
Montanaro

Paulo
Renan
Wagner
William

5º lugar

Atletismo (corrida 100 m, masculino (10s11)
Robson Caetano

Basquete (masculino)

Ary Vidal (técnico)
Cadum
Gerson
Guerrinha
Israel
Luiz Felipe

Marcel
Maury
Paulão
Paulinho Villas Boas
Pipoka
Rolando

Iatismo (vela) (classe soling) (67,4 pontos)
Christopher Bergman (substituiu Daniel Adler em algumas regatas)
Daniel Adler
José Augusto Dias
José Paulo Dias

Judô (ligeiro até 48 kg, feminino)
Mônica Angelucci

Remo (single sculls, distância: 2.000 m, masculino) (7min48s33)
Denis Marinho

6º lugar

Atletismo (corrida 800 m, masculino) (1min46s39)
   Zequinha Barbosa

Vôlei (feminino)
   Ana Cláudia
   Ana Lúcia
   Ana Moser
   Ana Richa
   Dora
   Eliani
   Fernanda Venturini
   Jorge de Barros (técnico)
   Kerly
   Márcia Fú
   Sandra
   Simone
   Vera Mossa

7º lugar

Iatismo (vela) (classe flying dutchman*) (76,4 pontos)*
   Alan Adler
   Marcus Temke

8º lugar

Hipismo (equitação) (Prêmio das Nações, equipes) (75 pontos)
   André Johannpeter (montaria, cavalo Heartbreaker)
   Christina Johannpeter (montaria, cavalo Societe)
   Paulo de Barros Stewart (montaria, cavalo Platon)
   Vitor Alves Teixeira (montaria, cavalo Going)

Natação (200 m, costas, masculino) (2min2s28, Recorde Sul-Americano)
   Rogério Romero

9º lugar

Judô (médios, entre 78 e 86 kg)
    Walter Carmona

10º lugar

Atletismo (corrida 100 m, masculino) (10s32)
    Arnaldo de Oliveira Silva

Ciclismo (1.000 m contra o relógio) (1min6s282)
    Clóvis Anderson

Iatismo (vela) (classe 470) (83,70 pontos)
    Bernardo Arndt
    Carlos Wanderley

Natação (revezamento 4 x 200 m, livre, masculino) (7min32s11)
    Cristiano Michelena
    Emanuel Nascimento
    Jorge Fernandes
    Júlio Rebollal Lopes

Remo (dois sem patrão, distância: 2.000 m, masculino) (7min28s30)
    Ricardo Esteves de Carvalho
    Ronaldo Esteves de Carvalho

20
XXV Jogos Olímpicos de Barcelona (1992)

A vitória do Vôlei brasileiro

Em Barcelona, os Jogos Olímpicos entraram em uma nova fase de envolvimento mundial. O crescimento gradativo da competição atingiu o número impressionante de 169 países concorrentes, que traziam em suas delegações 9.730 atletas.

Juan Antonio Samaranch, presidente do Comitê Olímpico Internacional, era da Espanha, da própria Catalunha, que muito se empenhou para o êxito do evento. Barcelona fez questão de promover o regionalismo catalão. As placas indicativas, além do inglês, francês e espanhol, também se apresentavam no dialeto local.

A cidade recebeu diversos melhoramentos, especialmente na área portuária. Instalada às margens do Mediterrâneo, com grande tráfego de embarcações, ela precisava estar preparada para receber o público que chegava de barco. Toda a região em torno de Barcelona foi envolvida pela organização do evento. Os jornalistas ficaram hospedados em uma localidade próxima, Badalona.

A solenidade inaugural foi realizada no Estádio Olímpico, localizado no Montjuic, uma colina de onde se avistava toda a cidade. A programação inseria canto lírico, com a interpretação dos famosos José Carreras e Montserrat Caballé.

A comunidade catalã foi envolvida de tal maneira que 35.000 pessoas se apresentaram como voluntários a serviço dos Jogos. Executivos de alto nível chegaram a trabalhar como motoristas, tal o desejo de colaborar com o evento.

A África do Sul, ausente desde 1960, voltou ao convívio das demais nações olímpicas. Sob pressão internacional, a segregação racial havia sido vencida.

Grandes alterações na política mundial a partir desses Jogos contribuíram para aumentar o número de países participantes. A União Soviética havia se dividido em vários estados independentes; da mesma forma, não havia mais duas Alemanhas com a queda do Muro de Berlim; e a Iugoslávia também estava fragmentada com a independência da Croácia e da Eslovênia.

O avanço da tecnologia permitiu que bilhões de expectadores acompanhassem, ao vivo e em cores, a disputa das modalidades esportivas programadas.

A quebra do rigor amadorístico do Comitê Olímpico Internacional tornou possível aos Estados Unidos montarem o *Dream Team*, formado pelos principais astros da NBA, a liga de Basquete profissional dos Estados Unidos. A platéia européia, maravilhada, teve condições de assistir às jogadas maravilhosas do cestobolista *Magic Johnson* e seus companheiros, de nível técnico fora de série, como Michael Jordan. Uma atleta representando a Etiópia venceu os 10.000 m, tornando-se a primeira africana negra a conseguir um ouro olímpico. Olimpismo é, antes de tudo, democracia.

A participação brasileira resultou na conquista de três medalhas: duas de ouro e uma de prata.

Um ouro individual veio pela atuação surpreendente de Rogério Sampaio, do qual nada se esperava. No seu caminho ao pódio, o judoca brasileiro enfrentou os mais renomados adversários. Para a felicidade de todos os compatriotas, ele foi derrotando um a um, até chegar ao topo, com direito ao nosso hino nacional.

O outro ouro veio para a equipe brasileira de Vôlei masculino. Foi o primeiro ouro olímpico em um esporte coletivo após 72 anos de participação brasileira. A partida final, realizada contra a Holanda, foi emocionante. Contou com grande apoio da torcida brasileira, à qual se incorporaram muitos membros de várias delegações, atraídas pelo calor do povo nacional. Giovane, Carlão, Tande e outros tornaram-se heróis.

A nossa terceira medalha foi de prata. Veio pelo empenho de Gustavo Borges que, com o tempo de 49s43, também bateu os recordes brasileiro e sul-americano dos 100 m, nado livre.

O curioso no desenvolvimento dessa prova foi que o placar eletrônico na final acusou Gustavo em sétimo posto quando, claramente, ele tinha sido o segundo. Uma reclamação veemente de Coaracy Nunes, presidente da Confederação Brasileira de Desportos Aquáticos, colocou as coisas no lugar certo. Fôssemos nós bonzinhos e conformistas e Gustavo estaria sem a medalha que havia conquistado.

Não tivemos nenhuma medalha de bronze, mas, qualitativamente, com o êxito do Vôlei, podemos dizer que o Brasil manteve o nível dos Jogos anteriores. Repetimos: ainda muito decepcionante, se comparado ao número de habitantes, padrões socioeconômicos e potencialidade do nosso país.

31. Quase duzentas bandeiras dos países participantes.

32. Seleção Brasileira de Handebol.

33. Pira Olímpica.

Os resultados

Ouro

Judô (categoria meio-leves, entre 60 e 65 kg)
Rogério Sampaio

Vôlei (masculino) (campeão invicto)

Amauri
Carlão
Douglas
Edson
Giovane
Janelson
Marcelo Negrão

Mauricio
Pampa
Paulão
Talmo
Tande
Zé Roberto (técnico)

Prata

Natação (100 m, livre, masculino) (49s43, Recordes Sul-Americano e Brasileiro)
Gustavo Borges

4º lugar

Atletismo (corrida 200 m, masculino) (20s45)
Robson Caetano

Atletismo (corrida 800 m, masculino) (1min45s06)
Zequinha Barbosa

Atletismo (corrida revezamento 4 x 400 m, masculino (3min1s61)
Edielson Tenório
Eronilde de Araújo

Sérgio Mathias
Sidney Telles de Souza

Obs.: Nas séries eliminatórias com Robson Caetano da Silva, fizeram 3min1s38, novo recorde Sul-Americano.

Vôlei (Feminino)

Ana Flávia	Hilma
Ana Lúcia	Ida
Ana Moser	Leila
Ana Paula	Márcia Fú
Cilene	Tina
Fernanda Venturini	Wadson de Oliveira Viana (técnico)
Fofão	

5º lugar

Basquete (masculino)

Cadum	Maury
Guerrinha (Gerson)	Oscar
Israel	Paulinho
José Medalha (técnico)	Pipoka
Josuel	Rolando
Marcel	Wilson

Hóquei sobre patins

Alan	Flávio
Cavallaro	Marcelo
Didi	Mauricio
Fábio	Roberto Caribe
Fernando Louzada	Vitor Manuel

6º lugar

Natação (revezamento 4 x 100 m, livre (3min20s50, Recorde Sul-Americano)
Christiano Michelena
Emmanuel Nascimento
Gustavo Borges
José Carlos Souza Junior

7º lugar

Basquete (feminino)

Adriana	Marta
Helen	Nádia
Heleninha (técnica)	Paula
Hortência	Ruth
Janeth	Simone
Joyce	Vânia
Maria Helena (técnica)	Zezé

Natação (revezamento 4 x 200 m, livre, masculino) (7min24s03, Recorde Sul-Americano)
Christiano Michelena
Emmanuel Nascimento
Gustavo Borges
Teófilo Ferreira

8º lugar

Iatismo (vela) (classe tornado) (69,7 pontos)
Clinio Freitas
Lars Grael

9º lugar

Hipismo (equitação) (salto, Prêmio das Nações) (16 pontos)
Rodrigo Pessoa (montaria, cavalo Special Envoy)

10º andar

Hipismo (equitação) (salto, Prêmio das Nações, equipes) (51,75 pontos)
Nelson Pessoa Filho (montaria, cavalo Vivaldi)
Rodrigo Pessoa (montaria, cavalo Special Envoy)
Vinicius da Motta (montaria, cavalo Wendy)
Vitor Alves Teixeira (montaria, cavalo Attack Z)

Iatismo (vela) (classe finn) (84 pontos)
Cristoph Bergmann

Natação (200 m, costas, masculino) (2min1s02, Recorde Sul-Americano)
Rogério Romero

21
XXVI Jogos Olímpicos de Atlanta (1996)

Nossa melhor participação

Em 1996, os Jogos Olímpicos completaram o seu centenário. Com esplendor crescente, tornaram-se o maior espetáculo do planeta, acompanhados por três bilhões de pessoas e o motivo da carreira de centenas de milhares de atletas de alto nível.

Todos os que acompanham as atividades esportivas esperavam que este megaevento fosse realizado na Grécia, em uma justa reverência às suas origens. Atenas seria o local óbvio para a Olimpíada do centenário. Os Jogos comemoravam um século de sua reedição na Era Moderna. Surpreendentemente, porém, acabou sendo escolhida para sede daquela disputa a cidade de Atlanta. Muito mais do que a justificativa histórica, prevaleceu o poder econômico, o peso dos patrocinadores. A tradição não teve vez no processo de seleção.

Os autores desta obra estranham a aceitação pacífica da mídia e da opinião pública com aquele fato e a ausência de um protesto mais veemente dos gregos, os pioneiros do Olimpismo.

O lado econômico, porém, não desapontou os organizadores, e os Jogos terminaram com um *superavit* de 25 milhões de dólares, uma fortuna.

As estrelas dessa Olimpíada foram Michael Johnson, que obteve o recorde mundial dos 200 m rasos, além de conquistar o ouro nos 400 m, com recorde olímpico. Carl Lewis, o veterano de tantas medalhas de ouro, ganhou a sua derradeira no salto em extensão, passando à história como um dos maiores nomes do atletismo mundial.

A participação da equipe brasileira foi muito boa em termos qualitativos. Somente em Atlanta, nosso país conquistou 15 medalhas, sendo três de ouro, três de prata e nove de bronze. Este foi o melhor resultado nas 16 Olimpíadas em que o Brasil esteve presente e corresponde a mais de 20% das medalhas que nosso país logrou até hoje.

Mesmo com esse total, ainda não chegamos ao nosso lugar natural, pois, repetimos, nossa população e potencialidade econômica levam à expectativa de nos colocarmos entre os dez mais bem classificados países olímpicos do mundo. O que nos falta é uma evolução cultural que coloque o esporte na escala de valores de cada habitante.

Em toda a nossa participação, deve ser altamente festejada a modalidade feminina do Vôlei de areia, o qual teve sua final disputada por duas equipes brasileiras. A dupla Jaqueline e Sandra ficou com o ouro e Adriana e Mônica, com a prata.

Este triunfo correspondeu à primeira vitória olímpica feminina do Brasil. A participação da mulher em nossas delegações foi sempre mínima, ou até irrisória, quando somente uma concorrente defendia o nosso país. Maria Lenk foi a pioneira, mas, em Melbourne e Tóquio, também apenas uma atleta solitária envergava nosso uniforme. A vitória em Atlanta passa a ter uma significação sociologicamente mais profunda, pois representa o espaço que, ao longo dos tempos, em virtude de modificações dos nossos costumes, a mulher conquistou em nossa sociedade.

Os outros dois ouros da equipe brasileira chegaram por intermédio do latismo. Mais uma vez, na classe *star*, Marcelo Ferreira e Torben Grael ocuparam o alto do pódio, e Robert Scheidt consagrou-se na classe *laser*. A vela tornava-se a nossa principal fonte de medalhas.

Coroando o que foi dito quanto à evolução do esporte feminino brasileiro, ganhamos a prata em um esporte coletivo: o Basquete. O time histórico de Hortência, Paula, Janeth e outras jogadoras obtinha o respeito de todo o mundo e consolidava uma base para outras conquistas futuras. Também entre os medalhistas de prata, inscreveu seu nome o grande nadador Gustavo Borges. Com o resultado de 1min48s08, nos 200 m, nado livre, ele superou os recordes brasileiro e sul-americano da prova.

34. Robert Scheidt, ouro no Iatismo.

Na farta colheita de medalhas de bronze, estava um superesquadrão integrado por monstros sagrados do Futebol brasileiro que, inexplicavelmente, perderam na semifinal e não disputaram a final. Uma seleção com Bebeto, Ronaldo, Roberto Carlos e outros jogadores, após vencer a disputa de terceiro e quarto lugares, não compareceu ao pódio para receber a medalha a que tinham direito, restabelecendo a tradição de imaturidade e subdesenvolvimento que caracterizaram as primeiras participações do Brasil nos Jogos Olímpicos. A significação do pódio é uma questão de cultura, de cidadania, que, às vezes, é posposta pela volúpia da recompensa material que caracteriza alguns grupos de atletas.

35. Gustavo Borges, um dos maiores medalhistas do esporte brasileiro.

Entre os bronzes olímpicos de grande significação, está o registrado pelo Atletismo, na prova de revezamento de 4 x 100 m, na qual Adauto Domingues, Arnaldo de Oliveira, Edson Ribeiro e Robson Caetano registraram a marca de 38s41.

O Hipismo, em Atlanta, começava, também, a trazer medalhas para o nosso país. Nas provas por equipe, André Joahannpeter, Doda, Luiz Felipe Azevedo e Rodrigo Pessoa deram um *up grade* à modalidade que praticam.

O Iatismo, fonte permanente de medalhas olímpicas para o Brasil, conseguiu o bronze na classe tornado, com Lars Grael e Henrique Pelicano.

No Judô, Aurélio Miguel não repetiu a sua presença de Seul, oito anos antes, de onde havia retornado com a medalha de ouro nos pesos meio-pesados. Mesmo assim, o bronze também é uma glória.

Na Natação, Gustavo Borges, um dos maiores medalhistas olímpicos do nosso país, levou mais uma de bronze na prova mais importante dos esportes aquáticos, perdendo para Popov, um dos símbolos desta modalidade, e Gary Hall. Trata-se dos 100 m, nado livre, na qual o nadador paulista marcou 49s02, um novo recorde brasileiro e sul-americano.

Ainda na natação, Fernando Scherer, o Xuxa, obteve o seu bronze com 22s29 nos 50 m, nado livre.

A exemplo do Basquete, o Vôlei feminino também começou, em Atlanta, a consolidar o seu prestígio internacional com a conquista de um bronze. Era o momento em que se tornaram famosas jogadoras como Ana Moser, Fernanda Venturini, Fofão, Márcia Fú, Virna e outras.

Os resultados

Ouro

Iatismo (vela) (classe star) (25 pontos)
    Marcelo Ferreira
    Torben Grael

Iatismo (vela) (classe laser) (26 pontos)
    Robert Scheidt

Vôlei de praia (feminino)
    Jacqueline
    Sandra

Prata

Basquete (feminino)
    Adriana
    Alessandra
    Martha
    Miguel Ângelo Luz (técnico)

Branca
Cíntia Tuiú
Cláudia Pastor
Hortência
Janeth
Leila

Paula
Roseli
Ruth
Silvinha
Simone

Natação (200 m, livre) (1min48s08, Recorde Sul-Americano e Brasileiro)
Gustavo Borges

Vôlei de praia (feminino)
Adriana Samuel
Mônica Rodrigues

Bronze

Atletismo (corrida, revezamento 4 x 100 m, masculino) (38s41)
André Domingos
Arnaldo Oliveira
Edson Ribeiro
Robson Caetano

Futebol (masculino)

Aldair
Amaral
André
Bebeto
Danrley
Dida
Flávio Conceição

Juninho Paulista
Luizão
Marcelinho Paulista
Narciso
Rivaldo
Roberto Carlos
Ronaldinho

Ronaldinho Gaúcho
Sávio
Zagallo (técnico)
Zé Elias
Zé Maria

Hipismo (equitação) (salto-adestramento, equipes) (17,25 pontos)
André Joahannpeter (montaria, cavalo Calei)
Doda (montaria, cavalo Arisco Aspen)

Luiz Felipe Azevedo (montaria, cavalo Cassiana)
Rodrigo Pessoa (montaria, cavalo Tomboy)

Iatismo (vela) (classe tornado) (43 pontos)
Henrique Pellicano
Lars Grael

Judô (meio-pesados, entre 86 e 95 kg)
Aurélio Miguel

Judô (meio-leves, entre 60 e 65 kg)
Henrique Guimarães

Natação (100 m, livre, masculino) (49s02, Recorde Sul-Americano)
Gustavo Borges

Natação (50 m livre, masculino) (22s29)
Fernando Scherer

Vôlei (feminino)
Ana Flávia	Hilma
Ana Moser	Ida
Ana Paula	Leila
Bernardinho (técnico)	Márcia Fú
Fernanda Venturini	Sandra
Filó	Silvinha
Fofão	Virna

4º lugar

Futebol (feminino)
Acre	Meg
Didi	Michael Jackson

Elane

Fanta

Formiga

Kátia Cilene

Márcia

Marisa

Nenê

Pretinha

Roseli

Sissi

Susy

Tânia Maranhão

Natação (revezamento 4 x 100 m, livre, masculino) (3min18s30)
  Alexandre Massura Neto

  André Cordeiro

  Gustavo Borges

  Fernando Scherer (Xuxa)

Tênis (masculino)
  Fernando Meligeni

5º lugar

Judô (leves até 71 kg, masculino)
  Sebástian Pereira

Natação (100 m, livre) (49s57)
  Fernando Scherer (Xuxa)

Vôlei (masculino)
  Carlão

  Carlos

  Cassio

  Gilson

  Giovane

  Marcelo Negrão

  Mauricio

  Max

  Nalbert

  Paulão

  Pinha

  Tande

6º lugar

Basquete (masculino)

Ary Vidal (técnico)	Olíva
Caio Cassiolato	Oscar
Caio Cezar	Pipoka
Demetrius	Ratto
Gerson	Rogério
Janjão	Tonico
Josuel	Wilson

7º lugar

Atletismo (corrida 400 m com barreiras, masculino) (48s7)
Evérson Teixeira

Judô (pesado, feminino, + de 78 kg)
Edinanci da Silva

Judô (meio-médio 78 kg)
Flávio Canto

8º lugar

Atletismo (corrida 400 m com barreiras) (48s78)
Eronilde Nunes de Araújo

Canoagem (K-1, 1.000 m) (3min34s669)
Sebastian Cuattrin

Hipismo (equitação) (salto, Prêmio das Nações, masculino) (4 pontos)
Álvaro Miranda Neto (Doda) (montaria, cavalo Arisco Aspen)

9º andar

Vôlei de praia (masculino)
Emmanuel
Zé Marco

10º lugar

Atletismo (maratona) (2h15min55s)
Luiz Antônio dos Santos

Hipismo (equitação) (salto, individual) (4,25 pontos)
Rodrigo Pessoa (montaria, cavalo Tomboy)

Iatismo (vela) (classe finn) (79 pontos)
Cristoph Bergmann

22
XXVII Jogos Olímpicos de Sidney (2000)

Duzentos na delegação e nenhum ouro

Os Jogos Olímpicos voltaram a ser realizados na Austrália 44 anos após a Olimpíada de Melbourne. Eles encerraram o século XX e expressaram, em toda a sua grandiosidade, a expansão do espírito e do ideal olímpico em 100 anos de disputa. O número de nações competidoras foi 199, mais de dez vezes superior à quantidade de concorrentes aos primeiros eventos.

Esta nova dimensão foi sentida por todos, quando a bandeira do Timor Leste, que acabava de obter a sua independência, desfilou entre as demais, embora com uma única concorrente, e quando uma atleta do Sri Lanka subiu ao pódio por ter obtido o terceiro lugar nos 200 m rasos.

O ideal olímpico passava, efetivamente, a congregar todas as nações do mundo, e arregimentava mais países que a própria ONU. Nenhuma outra iniciativa no decorrer dos tempos chegara a tamanha amplitude. Era o símbolo da paz e da união entre os povos, apesar da diversidade de etnias, ideologias, religiões e potencialidades econômicas existentes na Terra. No fim do século, os Jogos atingiram a glória.

Dentro do aspecto técnico, essa Olimpíada ficou marcada pelos ótimos resultados das provas de natação, modalidade em que a Austrália tem grande tradição. Ian Thorpe venceu os 400 m, nado livre, com novo recorde mundial.

Ganhou, ainda, duas medalhas de ouro, integrando as equipes do revezamento, e uma de prata, nos 200 m, nado livre.

No Atletismo, Marion Jones tornou-se a primeira mulher a ganhar cinco medalhas em uma única disputa dos Jogos: três de ouro e duas de bronze.

A representação do Brasil, diminuta nas primeiras Olimpíadas, passou de duzentas pessoas, 42 delas não eram atletas. Embora tivesse embarcado para a Austrália com o favoritismo em muitas provas e modalidades, houve um malogro em todas as finais de que nosso país participou. No balanço final, foram 12 medalhas: seis de prata e seis de bronze; nenhum ouro.

O Futebol nacional, com craques como Geovani e Ronaldinho Gaúcho, perdeu para a África do Sul e Camarões. Guga, que já havia sido o número um do tênis mundial, foi eliminado nas quartas-de-final. Na dupla com Jaime Oncins, ele perdeu nas primeiras rodadas.

No Vôlei de praia, modalidade em que o Brasil era campeão mundial masculino e feminino, teve de se contentar com a prata. Perdeu as duas finais, embora o fato de termos conquistado a prata com Adriana e Shelda e o bronze com Adriana e Sandra constitua uma proeza digna de registro.

O resultado mais expressivo da participação brasileira em Sidney foi a medalha de prata no revezamento 4 x 100 m rasos masculino. A equipe integrada por Claudinei Quirino, André Domingos, Edson Luciano e Vicente Lenilson obteve a marca de 37s9, *performance* que superou os recordes brasileiro e sul-americano da prova.

O Judô também contribuiu com duas medalhas de prata. Chegaram às finais Carlos Honorato, na categoria peso médio, e Thiago Camilo, na de peso leve. No Vôlei de praia, Ricardo e Zé Marco, que tinham sido campeões olímpicos em Atlanta, quatro anos antes, perderam a final para a dupla de norte-americanos. No Iatismo, ocorreu o mesmo. Robert Scheidt, campeão olímpico e mundial da classe *laser*, dessa vez ficou com a prata. Esta modalidade contribuiu, ainda, para o quadro geral de medalhas, mais uma vez, com a dupla Marcelo Ferreira e Torben Grael, na classe *star*, que obteve o bronze. Era a terceira vez que eles retornavam dos Jogos com medalhas. Em Atlanta, haviam obtido o ouro.

O Basquete feminino também conseguiu o bronze em uma seleção em que Hortência e Paula já não estavam mais jogando. A estrela da seleção do ano 2000 foi Janeth, considerada uma das melhores jogadoras do mundo e contratada para participar da Liga Nacional Norte-Americana. Quem acompanhou os Jogos de Sidney pela TV ainda se recorda de uma cesta sensacional que ela marcou do meio da quadra.

36. Janeth, um símbolo no Basquete brasileiro.

O Vôlei feminino também voltou com o bronze dessa Olimpíada, com uma seleção em que jogaram Virna, Fofão, Érika, Waleska etc. No Hipismo, foi repetido o bronze de Atlanta na prova de salto-adestramento, com André Johannpeter, Álvaro de Miranda Neto (Doda), Luiz Felipe Azevedo e Rodrigo Pessoa. A Natação, como em quase todas as Olimpíadas, também não deixou de dar sua contribuição no revezamento dos 4 x 100 m, com 3min17s40, com uma equipe formada por Carlos Jayme, Edvaldo Valério, Fernando Scherer e Gustavo Borges. Este nadador acrescentava mais uma medalha à sua coleção. Juntamente com Torben Grael, consagravam-se como os dois maiores medalhistas olímpicos do país.

Os resultados

Prata

Atletismo (corrida revezamento 4 x 100 m) (37s9, Recorde Sul-Americano e Brasileiro)
André Domingos
Claudinei Quirino
Edson Luciano
Vicente Lenilson

Iatismo (vela) (classe laser*) (44 pontos)*
Robert Scheidt

Judô (médios, entre 81 e 90 kg)
Carlos Honorato

Judô (leves entre 65 e 71 kg)
Tiago Camilo

Vôlei de praia (feminino)
Adriana Behar
Shelda

Vôlei de praia (masculino)
Ricardo
Zé Marco

Bronze

Basquete (feminino)

Adriana	Janeth
Adrianinha	Kelly
Alessandra	Lilian
Barbosa (técnico)	Marta
Cintia Tuiú	Pedro Bassul (técnico)
Claudinha	Silvinha
Helen	Zaine

Hipismo (equitação) (salto-adestramento, equipes) (24 pontos)

André Johannpeter (montaria, cavalo Calei)

Álvaro De Miran Neto (Doda) (montaria, cavalo Aspen)

Luiz Felipe De Azevedo (montaria, cavalo Ralph)

Rodrigo Pessoa (montaria, cavalo Baloubet Du Rouet)

Iatismo (vela) (classe star) (39 pontos)

Marcelo Ferreira

Torben Grael

Natação (revezamento 4 x 100 m, livre, masculino) (3min17s40)

Carlos Jayme (49s88)

Edvaldo Valério (49s12)

Fernando Scherer (Xuxa) (49s79)

Gustavo Borges (48s61)

Vôlei (feminino)

Bernardinho (técnico)	Kely
Elisangêla	Leila
Erika	Raquel
Fofão	Ricarda
Janina	Virna
Karin	Waleska
Katia	

Vôlei de praia (feminino)
    Adriana Samuel
    Sandra Pires

4º lugar

Atletismo (corrida 400 m livre, masculino) (45s01)
    Sanderlei Parrela

Futebol (feminino)

Andreia	Maravilha	Rosana
Cidinha	Maycon	Roseli
Daniela	Mônica	Simone Jatobá
Formiga	Nenê	Sissi
Juliana Cabral	Pretinha	Suzana
Kátia Cilene	Raquel	Tânia Maranhão

Hipismo (equitação) (salto individual, Prêmio das Nações) (8 pontos)
    André Johannpeter (montaria, cavalo Calei)

5º lugar

Atletismo (corrida 400 m com barreiras, masculino) (48s34)
    Eronildes Araújo

6º lugar

Atletismo (corrida 200 m, masculino) (20s28)
    Claudinei Quirino

Canoagem (K-2, 1.000 m) (3min22s496)
    Guto
    Sebastian Cuatrin

Futebol (masculino)

Alex	Fábio Aurélio	Marcos Paulo
Álvaro	Fábio Bilica	Mozart
André Luis	Fábio Costa	Roger
Athirson	Geovanni	Ronaldinho
Baiano	Helton	Wanderlei Luxemburgo (técnico)
Edu	Lucas	
Fabiano	Lúcio	

Hipismo (concurso completo (CCE) equipes) (333 pontos)
Eder Gustavo Pagoto (montaria, cavalo Amazonian do Feroleto)
Guto Faria (montaria, cavalo Hunefer)
Serguei Fofanoff (montaria, cavalo Sanderson)
Vicente de Araújo Neto (montaria, cavalo Teveri)

Vôlei (masculino)

Dante	Marcelinho
Douglas	Mauricio
Giba	Max
Giovane	Nalbert
Gustavo Endres	Tande
Kid	

7º lugar

Judô (meio-médio, feminino, 63 kg)
Vânia Ishii

Judô (meio-pesados, feminino, entre 66 e 72 kg)
Edinanci da Silva

Judô (pesado, feminino, + 78 kg)
Priscila de Azevedo Marques

Judô (meio-pesado, masculino, 100 kg)
   Mário Sabino Júnior

Natação (200 m, costas, masculino) (1min59s09)
   Rogério Romero

8º lugar

Canoagem (K-1, 500 m) (1min49s955)
   Roger Caumo

Canoagem (K-1, 1.000 m) (3min52s082)
   Roger Caumo

Canoagem (K-2, 500 m) (1min34s868)
   Carlos Augusto P. de Campos
   Sebastian Cuattrin

Ginástica (equipes, ginástica rítmica desportiva (GRD), exercícios combinados, feminino) (38,266 pontos)

Alessandra Guidugli	Flávia Faria
Bárbara Laffranchi (técnica)	Natália Eidt
Camila Amarante	Thalita Nakadomari
Dayane Silva	Thayane Mantoraneli

Handebol (feminino)

Ale	Meg Conte
Chana	Meg Montão
Chicória	Rosana Baiana
Dali	San
Digenal A. Cerqueira (técnico)	Val
Dilane	Viviane Jacques

Fátima
Lucila

Viviani
Zezé

9º lugar

Judô (pesados, acima 95 kg)
Daniel Hernandes

Levantamento de peso (extraleves, feminino, 48 kg) (135 kg)
Maria Elizabete Jorge

Vôlei de praia (masculino)
Emmanuel
Loiola

23
XXVIII Jogos Olímpicos de Atenas (2004)

A injustiça histórica de não efetuar os Jogos Olímpicos na Grécia, em 1996, quando este evento comemorava o seu centenário, foi reparada em 2004. Muitos países lutaram pela sede dessa Olimpíada, que correspondia à primeira do novo milênio: Atenas, Buenos Aires, Cidade do Cabo, Lille, Rio de Janeiro, San Juan, Sevilha, Estocolmo e São Petersburgo.

Atenas venceu após um sufrágio de quatro rodadas. Derrotou no último escrutínio Roma, por 66 votos a 41.

Valeu, talvez, a espera. A mística história dos Jogos da Grécia fez que todos os países do mundo que tivessem um Comitê Olímpico Nacional estivessem presentes. Foram 201 nações que mobilizaram 11.099 atletas.

O mito de que os gregos não teriam capacidade para organizar o evento foi destruído pela própria realidade e os Jogos foram um sucesso, aplaudidos por 3,7 bilhões de expectadores que acompanharam o evento por meio dos veículos eletrônicos.

Os gregos investiram mais de quatro bilhões de euros na construção e readaptação dos estádios para receber não só os atletas, mas os milhares de turistas que o evento atraíra.

Além dos estádios, a própria cidade foi incrementada com melhoramentos, como o serviço de transportes e um novo aeroporto.

Na parte técnica, o certame demonstrou uma grande evolução da China. Em consonância com o progresso econômico, já marcante em 2004, os chineses obtiveram 32 medalhas de ouro entre as 63 que conquistaram, conseguindo o segundo lugar na classificação geral, atrás, apenas, dos Estados Unidos, fato que prematura o grande duelo previsto para os Jogos de Pequim. Mais uma vez, fica clara a correlação entre medalhas olímpicas e as condições econômicas e culturais de uma população.

Individualmente, o astro dessa Olimpíada foi o nadador Michael Phelps, que obteve seis medalhas de ouro nas provas em que competiu, ficando historicamente somente uma atrás de Mark Spitz, que, em 1972, em Munique, havia conquistado sete ouros.

Comparativamente à Olimpíada de Atlanta, quando o Brasil havia obtido 12 medalhas, a nossa participação foi mais modesta, pois terminamos os Jogos com apenas dez. Mas se considerarmos que, dessa vez, cinco foram de ouro, pode-se dizer que estes foram os Jogos em que subimos ao principal degrau do pódio o maior número de vezes. Qualitativamente, um fato muito significativo. Desses cinco ouros, o mais relevante foi, mais uma vez, o triunfo no Vôlei masculino. A equipe nacional repetiu a conquista de Barcelona em 1992, com uma nova geração de que partilhavam Giba, Nalbert, Ricardinho e André Nascimento.

O Iatismo prosseguiu na tradição de suprir as estatísticas de nossa participação olímpica: foram mais dois ouros. Marcelo Ferreira e Torben Grael retornaram de Atenas com outra vitória na classe *star*, e Robert Scheidt com nosso triunfo na classe *laser*.

Emanuel e Ricardo mantiveram a hegemonia nacional no Vôlei de praia masculino e Rodrigo Pessoa, nas provas do Hipismo. Em Atenas, Rodrigo tinha ficado com a medalha de prata, mas no ano seguinte, em 15 de julho de 2005, o Comitê Olímpico Internacional constatou *doping* no cavalo Waterford Crystal, do cavaleiro irlandês Cian O'Connor; o conjunto foi desclassificado e o nosso representante ficou com o ouro.

Nosso Futebol feminino começou a marcar sua presença com uma medalha de prata, e os nomes de Marta, Cristiane e Maycon passaram a chamar a atenção. Anos depois, essa equipe sagrou-se campeã mundial da categoria.

A outra medalha de prata brasileira foi obtida pela dupla Adriana Behar e Shelda.

Das três medalhas de bronze brasileiras, duas vieram do Judô, por intermédio de Leandro Guilheiro, na categoria dos leves, e de Flávio Canto, nos meio-médios. O Judô está sempre presente na contabilidade final de nossos medalhistas.

O terceiro bronze brasileiro, obtido por Wanderlei Cordeiro de Lima, foi pivô de um dos fatos mais comentados nos Jogos Olímpicos de Atenas. Ele liderava a prova da maratona, a menos de 10 km para a final com uma vantagem de mais de 200 m sobre o segundo colocado, o italiano Stefano Baldini. Na ocasião, ele foi agarrado e derrubado por um manifestante, um religioso irlandês, que o impediu de lutar pelo ouro. Mesmo assim, prosseguiu na corrida e chegou, debaixo de aplausos da multidão (que havia assistido ao incidente pelo telão), em terceiro lugar. Mais tarde, por seu *fair play* e espírito esportivo, o Comitê Olímpico Internacional outorgou-lhe uma rara distinção: condecorou-o com a Medalha Pierre de Coubertin.

37. Cento e oito anos após o primeiro, Atenas constrói o seu segundo estádio olímpico, de acordo com os padrões do terceiro milênio.

38. No ginásio de esportes, várias arenas para a realização de provas simultâneas.

39. Estátua de *Spyros Louis*: o primeiro vencedor da maratona olímpica.

Os resultados

Ouro

Hipismo (equitação) (salto-adestramento)
Rodrigo Pessoa (montaria, cavalo Baloubet du Rouet)

Iatismo (vela) (classe star) (42 pontos)
Marcelo Ferreira
Torben Grael

Iatismo (vela) (classe laser) (35 pontos)
Robert Scheidt

Vôlei (masculino)
Anderson
André Heller
André Nascimento
Bernardinho (técnico)
Dante
Escadinha
Giba
Giovane
Gustavo Endres
Mauricio
Nalbert
Ricardinho
Rodrigão

Vôlei de praia (masculino)
Emanuel
Ricardo

Prata

Futebol (feminino)
Aline
Andréia
Juliana Cabral
Kelly
Renata Costa
Renê Simões (técnico)

Cristiane
Daniela Alves
Elaine Baiana
Formiga
Grazi

Maravilha
Marta
Maycon
Mônica
Pretinha

Rosana
Roseli
Tânia Maranhão

Vôlei de praia (feminino)
Adriana Behar
Shelda

Bronze

Atletismo (maratona 42.195 m) (2h12min11s)
Vanderlei Cordeiro de Lima

Judô (leves, entre 65 e 71 kg)
Leandro Guilheiro

Judô (meio-médios, entre 71 e 78 kg)
Flávio Canto

4º lugar

Basquete (feminino)
Adrianinha
Alessandra
Barbosa (técnico)
Cíntia Tuiú
Érika
Helen
Iziane

Janeth
Karla
Kelly
Leila
Silvinha
Vivian

Iatismo (vela) (classe mistral) (54 pontos)
  Bimba (Ricardo Winicki)

Taekwondo (feminino, entre 67 e 72 kg)
  Natália Falavigna Silva

Taekwondo (masculino, até 68 kg)
  Diogo Silva

Vôlei (feminino)
  Elisângela
  Virna
  Mari
  Érika
  Walewska
  Fernanda Venturini
  Sassá

  Valeskinha
  Arlene
  Bia
  Fabiana
  Fofão
  Zé Roberto Guimarães (técnico)

5º **lugar**

Atletismo (salto triplo, masculino) (17,31 m)
  Jadel Gregório

Ginástica (exercícios de solo, feminino) (9,375)
  Daiane dos Santos

Natação (200 m, medley, masculino) (2min0s11)
  Thiago Pereira

Natação (400 m, medley, feminino) (4min40s, Recorde Sul-Americano)
  Joanna Maranhão

6º lugar

Iatismo (vela) (classe 49er) (104 pontos)
André Fonseca
Rodrigo Duarte

Vôlei de Praia (masculino)
Márcio
Benjamin

Natação (100 m, borboleta, masculino)
Gabriel Mangabeira

Natação (400 m, medley, *feminino) (4min40s)*
Joanna Maranhão

Vôlei de praia (feminino)
Ana Paula
Sandra Pires

7º lugar

Atletismo (110 m com barreiras) (13,49)
Matheus Inocêncio

Handebol (feminino)

Alexandra	Dara
Alexandre Schneider (técnico)	Darly
Aline (Pateta)	Fabiana
Aline Pará	Ivonete (técnica)
Ana Amorim	Lucila
Chana	Meg Montão

Chicória

Dali

Dani

Milene

Viviane Jacques

Judô (meio-pesados, feminino, entre 66 e 72 kg)
Edinanci Silva

Natação (revezamento 4 x 200 m, livre, feminino) (8min5s29)
Joanna Maranhão

Mariana Brochado

Monique Ferreira

Paula Baracho

8º lugar

Atletismo (revezamento 4 x 100 m, masculino) (38s67)
André Domingos

Cláudio Roberto

Edson Luciano

Vicente Lenílson

Ginástica rítmica (ginástica rítmica desportiva (GRD), exercícios combinados, feminino)
(44,4 pontos)
Ana Maria Maciel

Dayane Camilo

Fernanda Cavalieri

Jeniffer Oliveira

Larissa Barata

Iatismo (cela) (classe 470) (104 pontos)
Alexandre Paradeda

Bernardo Arndt (Baby)

Natação (50 m, livre, feminino) (25s2)
   Flávia Delarolli

9º lugar

Atletismo (salto em extensão, distância, feminino)
   Keila Costa

Ginástica artística (exercícios de solo, equipe)
   Ana Paula Rodrigues
   Camila Comin
   Caroline Molinari
   Daniele Hypolito
   Lais Souza
   Mosiah Rodrigues

Judô (meio-médios, masculino, entre 71 e 78 kg)
   Henrique Guimarães

Natação (4 x 200 m, livre, feminino) (8min051s29, Recorde Sul-Americano)
   Joanna Maranhão
   Mariana Brochado
   Monique Ferreira
   Paula Baracho

Pugilismo (meio-médios, ligeiros, entre 60 e 63,5 kg)
   Alessandro Mattos

Pugilismo (penas, entre 54 e 57 kg)
   Edvaldo Gonzaga

Saltos ornamentais (trampolim, 3 m, masculino) (432,45 pontos)
César Castro

10º lugar

Handebol (masculino)

Adalberto	Bruno Santana	Macarrão
Agberto	Bruno Souza	Marcão
Alberto Rigolo (técnico)	Guga	Mineiro
Ale	Helinho	SB
Baldacin	Jair	Tupan
Bruno Bezerra	Jaqson	

Hipismo (equitação) (salto, individual) (4,25 pontos)
Rodrigo Pessoa (montaria, cavalo Tomboy)

Hipismo (equitação) (salto, equipes) (58 pontos)
Bernardo Resende (montaria, cavalo Canturu) (desclassificado)
Doda (montaria, cavalo Countdown 23) (20 pontos)
Luciana Diniz (montaria, cavalo Mariachi) (29 pontos)
Rodrigo Pessoa (montaria, cavalo Baloubet du Rouet) (9 pontos)

Iatismo (vela) (classe finn*) (113 pontos)*
João Signorini

Parte 3

Realidades que os números não mostram

24
Medalhas e desenvolvimento

Uma visão global do quadro de medalhas acumuladas desde 1920, quando participamos pela primeira vez dos Jogos Olímpicos, nos dá a evidência de que obtivemos nossos melhores resultados nos últimos vinte anos. Proporciona, ainda, outras conclusões que uma simples análise parcial e unitária de cada um dos eventos não poderia oferecer.

Essa análise permite avaliar a evolução do Olimpismo e do próprio esporte nacional ao longo de todo o último século. Os números apresentados mostram realidades que nos fornecem interpretações não só sobre o estágio em que está o esporte nacional da atualidade, bem como sugere uma planificação para o futuro.

É verdade que este índice de avaliação – medalhas olímpicas – é relativamente primário para ser a unidade absoluta de comparação na auto-aferição de um país, como, também, no confronto entre as nações. Criado pela imprensa, este critério dá igual peso (uma medalha) a um triunfo em uma quase anônima prova de arco e flecha quanto a uma vitória em modalidades coletivas altamente difundidas, como o Futebol, o Basquete ou o Vôlei.

Porém, na falta de outro, e ponderando-se que o critério da quantidade de medalhas é universalmente admitido, ele deve, portanto, ser aceito, porque, até hoje, não surgiu nenhum outro para substituí-lo.

Vejamos o comportamento técnico de nosso país ao longo dos tempos pelo número de medalhas:

Quadro 1 – Número de medalhas por Olimpíada

Jogos Olímpicos	Medalhas			TOTAL
	Ouro	Prata	Bronze	
Antuérpia, Bélgica (VII Jogos, 1920)	1	1	1	3
Paris, França (VIII Jogos, 1924)	–	–	–	0
Los Angeles, Estados Unidos (X Jogos, 1932)	–	–	–	0
Berlim, Alemanha (XI Jogos, 1936)	–	–	–	0
Londres, Inglaterra (XIV Jogos, 1948)	–	–	1	1
Helsinque, Finlândia (XV Jogos, 1952)	1	–	2	3
Melbourne, Austrália (XVI Jogos, 1956)	1	–	–	1
Roma, Itália (XVII Jogos, 1960)	–	–	2	2
Tóquio, Japão (XVIII Jogos, 1964)	–	–	1	1
México, México (XIX Jogos, 1968)	–	1	2	3
Munique, Alemanha Ocidental (XX Jogos, 1972)	–	–	2	2
Montreal, Canadá (XXI Jogos, 1976)	–	–	2	2
Moscou, URSS* (XXII Jogos, 1980)	2	–	2	4
Los Angeles, EUA (XXIII Jogos, 1984)	1	5	2	8
Seul, Coréia do Sul (XXIV Jogos, 1988)	1	2	3	6
Barcelona, Espanha (XXV Jogos, 1992)	2	1	–	3
Atlanta, EUA (XXVI Jogos, 1996)	3	3	9	15
Sidney, Austrália (XXVII Jogos, 2000)	–	6	6	12
Atenas, Grécia (XXVIII Jogos, 2004)	5	2	3	10
TOTAL	17	21	38	76

* Atual Rússia

O Quadro 1 demonstra que a presença do Brasil nos Jogos Olímpicos é inexpressiva. O número de medalhas foi insignificante até 1996, em Atlanta.

De Antuérpia, 1920, a Londres, 1948, passamos 28 anos sem vitórias. Em 1956 (Melbourne) e 1964 (Tóquio), delegações com, respectivamente, 48 e 69 atletas obtiveram apenas uma medalha.

Nos três últimos Jogos, conseguimos 37 medalhas (15 em 1996, 12 em 2000 e em 2004), um número muito maior se comparado à penúria de todos os 16 anos anteriores. Apesar desse crescimento, ainda estamos muito aquém – repetimos – da posição que deveríamos ocupar em um contexto internacional.

A conclusão sugerida pelo Quadro 1 é que a eficiência de um país é decorrente da combinação de dois fatores: o seu índice demográfico, combinado com o seu desenvolvimento socioeconômico e cultural. Neste último aspecto, pesa muito a posição que o esporte ocupa na escala de valores da comunidade.

Às vezes, acontece que países com uma pequena população chegam a se ombrear, em número de medalhas, com países de grande índice populacional e cultural. Este fato ocorreu com a Hungria, logo após a II Guerra Mundial, e Cuba, uma exceção com uma população relativamente restrita e que enfrenta grandes carências econômicas. Lá, a política, pela necessidade de uma afirmação nacional, tornou a eficiência nos Jogos uma prioridade estatal.

À medida que o progresso econômico e social brasileiro dá mostras da superação de um subdesenvolvimento endêmico, a quantidade de medalhas aumenta, mesmo levando em consideração que as provas olímpicas têm se tornado mais competitivas pelo aumento do nível dos atletas e pelo fato de os países concorrentes terem ultrapassado a barreira das duzentas bandeiras nacionais no desfile inaugural.

Os números nos ensinam uma verdade nestes dias em que o Brasil figura entre as maiores economias do mundo: o momento é para se deflagrar uma verdadeira revolução cultural, a fim de que o país faça do esporte, cada vez mais, um valor social. Assim, a nossa vitória não acontecerá somente por meio de medalhas. Triunfaremos, também, sobre o sedentarismo, as drogas, a violência e todos os descaminhos da juventude.

25
O Iatismo em primeiro lugar

A análise dos quadros propiciados por nossa participação olímpica permite, também, avaliar quais as modalidades esportivas que mais contribuíram para o total das 76 medalhas até hoje conquistadas.

Entre as que mais se destacaram estão o Iatismo, com 14 medalhas; o Atletismo, com 13; o Judô, com 12; e a Natação, com nove.

Por mais brilhante que fosse nossa participação no Basquete, no Vôlei e em outros esportes coletivos, conforme já comentamos no capítulo anterior, estas modalidades não poderiam figurar com destaque, pois concorrem por apenas uma medalha, enquanto no Atletismo ou na Natação estão em disputa mais de uma dezena delas.

40. Lars Grael, medalhista em iatismo

Quadro 2 – Medalhas por modalidade esportiva

Esporte	Modalidade	Medalhas			TOTAL
		Ouro	Prata	Bronze	
Atletismo	Corrida 200 m – masculino	–	–	1	1
	Corrida 800 m – masculino	1	1	–	2
	Revezamento 4 x 100 m – masculino	–	1	1	2
	Maratona – masculino	–	–	1	1
	Salto triplo – masculino	2	1	3	6
	Salto em altura – masculino	–	–	1	1
	Subtotal	**3**	**3**	**7**	**13**
Basquete	Torneio masculino	–	–	3	3
	Torneio feminino	–	1	1	2
	Subtotal	**0**	**1**	**4**	**5**
Futebol	Torneio masculino	–	2	1	3
	Torneio feminino	–	1	–	1
	Subtotal	**0**	**3**	**1**	**4**
Hipismo (equitação)	Adestramento (*dressage*)	1	–	–	1
	Adestramento equipes	–	–	2	2
	Subtotal	**1**	**0**	**2**	**3**
Iatismo (vela)	*Flying dutchmann*	–	–	2	2
	Laser	2	1	–	3
	470	1	–	–	1
	Soling	–	1	–	1
	Star	2	–	2	4
	Tornado	1	–	2	3
	Subtotal	**6**	**2**	**6**	**14**

Continua

Continuação

Esporte	Modalidade	Medalhas			TOTAL
		Ouro	Prata	Bronze	
Judô	Leves masculino (entre 65 e 71 kg)	–	1	2	**3**
	Médios masculino (entre 78 e 86 kg)	–	1	1	**2**
	Meio-leves masculino (entre 60 e 65 kg)	1	–	1	**2**
	Meio-médios masculino (entre 71 e 78 kg)	–	–	1	**1**
	Meio-pesados masculino (entre 86 e 95 kg)	1	1	2	**4**
	Subtotal	**2**	**3**	**7**	**12**
Natação	50 m livre – masculino	–	–	1	**1**
	100 m livre – masculino	–	1	2	**3**
	200 m livre – masculino	–	1	–	**1**
	1.500 m livre – masculino	–	–	1	**1**
	400 m *medley* – masculino	–	1	–	**1**
	Revezamento 4 x 100 m – masculino	–	–	1	**1**
	Revezamento 4 x 200 m – masculino	–	–	1	**1**
	Subtotal	**0**	**3**	**6**	**9**
Pugilismo (boxe)	Moscas (até 51 kg)	–	–	1	**1**
	Subtotal	**0**	**0**	**1**	**1**
Tiro	Pistola tiro rápido (30 m) – masculino	1	–	–	**1**
	Pistola livre (50 m) – masculino	–	1	–	**1**
	Pistola livre (50 m) – masculino equipes	–	–	1	**1**
	Subtotal	**1**	**1**	**1**	**3**
Vôlei	Torneio masculino	2	1	–	**3**
	Torneio feminino	–	–	2	**2**
	Subtotal	**2**	**1**	**2**	**5**

Continua

Continuação

Esporte	Modalidade	Medalhas			TOTAL
		Ouro	Prata	Bronze	
Vôlei de praia	Torneio masculino	1	1	–	2
	Torneio feminino	1	3	1	5
	Subtotal	**2**	**4**	**1**	**7**
TOTAL GERAL		**17**	**21**	**38**	**76**

Quadro 3 – *Ranking* de medalhas por esporte

Esporte	Medalhas			TOTAL
	Ouro	Prata	Bronze	
Iatismo (vela)	6	2	6	**14**
Atletismo	3	3	7	**13**
Judô	2	3	7	**12**
Vôlei de praia	2	4	1	**7**
Vôlei	2	1	2	**5**
Tiro	1	1	1	**3**
Hipismo (equitação)	1	–	2	**3**
Natação	–	3	6	**9**
Futebol	–	3	1	**4**
Basquete	–	1	4	**5**
Pugilismo (boxe)	–	–	1	**1**
TOTAL	**17**	**21**	**38**	**76**

Este quadro nos mostra que o Iatismo, além de liderar o número total de medalhas, constitui, ainda, a modalidade que nos trouxe a maior quantidade de ouros, fato que lhe proporciona, também, a liderança qualitativa.

Subimos ao pódio em 11 esportes diferentes, mas, se ponderarmos que são 29 as disciplinas olímpicas, verificamos que, para melhorar o desempenho do país nos futuros Jogos, é preciso diversificar e incrementar a prática nas outras 18 modalidades do programa olímpico em que ainda não subimos ao pódio.

26
Quem são os medalhistas olímpicos

Uma avaliação não é feita só por números. As medalhas e as classificações honrosas têm seus autores. É preciso personalizar quem foram os atletas que trouxeram tantas glórias para o Brasil nos Jogos Olímpicos; quais os que mais contribuíram para a nossa presença olímpica.

As estatísticas não falam da luta e dos esforços de cada um deles para atingir um resultado de destaque e o quanto de privações dos lazeres e o nível de sacrifício de cada um para figurar em uma estatística que se confunde com a própria história do esporte em nosso país.

Os 249 brasileiros medalhistas correspondem ao acervo reunido em 88 anos de participação olímpica. São figuras das quais o Brasil tem todos os motivos para se orgulhar.

Considerando um caso a parte e fortuito que são as medalhas obtidas no ano de 1920, na modalidade de Tiro, nos Jogos Olímpicos de Antuérpia, a medalha subseqüente somente surgiu em 1948, nos Jogos Olímpicos de Londres, com nossa equipe de Basquete, após um jejum de 28 anos, quando já se sentia em nosso país uma evolução em direção à maturidade cultural e econômica e uma melhora da posição do esporte na escala de valores na nossa comunidade.

Um levantamento dos atletas que mais se destacaram individualmente no Olimpismo brasileiro mostra o seguinte:

Quadro 4 – Destaques olímpicos

Nome	Ouro	Prata	Bronze	TOTAL
Torben Grael	2	1	2	5
Robert Scheidt	2	1	–	3
Marcelo Ferreira	2	–	1	3
Adhemar F. Da Silva	2	–	–	2
Giovane (vôlei)	2	–	–	2
Maurício (vôlei)	2	–	–	2
Amauri (vôlei)	1	1	–	2
Joaquim Cruz	1	1	–	2
Aurélio Miguel	1	–	1	2
Rogério Sampaio	1	–	–	1
Rodrigo Pessoa	1	–	–	1
Jaqueline/Sandra	1	–	–	1
Ricardo/Emanuel	1	–	–	1
Alexandre Welter/Lars Bjorkstrom	1	–	–	1
Guilherme Paraense	1	–	–	1
Gustavo Borges	–	2	2	4
Nelson Prudêncio	–	1	1	2

Naturalmente, este Quadro é parcial, pois ele não poderia chegar ao ponto de relacionar quem obteve as 76 medalhas até hoje conquistadas pelo nosso país. Ele mostra que, em quantidade de medalhas, Torben Grael é o primeiro deste *ranking*, com cinco. Gustavo Borges, em quantidade, logrou quatro, mas nenhuma delas de ouro, daí o fato, conforme o critério olímpico, de ele não estar entre os primeiros. O principal título de Gustavo não é olímpico, mas o de recordista mundial dos 100 m, nado livre.

Robert Scheidt, outro grande ídolo do esporte brasileiro, além de campeão mundial, obteve na estatística olímpica dois ouros e uma prata, um pouco à frente do histórico Adhemar Ferreira da Silva, com dois ouros e um bronze. É verdade que as medalhas de Adhemar representaram muito junto à opinião pública. O Atletismo tem maior visibilidade do que o Iatismo. Adhemar inaugurou uma tradição do Brasil nas provas de salto triplo nos Jogos Olímpicos, que foi seguida por Nelson Prudêncio e João Carlos de Oliveira, igualmente recordistas mundiais e medalhistas olímpicos. Nosso João do Pulo poderia ter sido ouro nos Jogos Olímpicos de Moscou, não fossem anulados, por uma arbitragem de critérios duvidosos, os seus melhores resultados. Ainda hoje, nosso país tem excelentes especialistas nessa prova, o que indica que a tradição permanece.

Ainda no Atletismo, o brasileiro Joaquim Cruz, com um ouro e uma prata, integra a gloriosa nobiliarquia olímpica brasileira.

Aurélio Miguel, com seu ouro em Seul e mais uma medalha de bronze em 1996, figura, também, entre os atletas cuja *performance* ganhou grande repercussão. Tornou-se uma figura popular e vereador na Câmara Municipal de São Paulo.

Naturalmente, em termos de ressonância, os triunfos de Barcelona e Atlanta lançaram nas manchetes uma geração de heróis. Figura na relação acima somente Giovane Gávio e Maurício (do vôlei), por terem integrado as duas gerações de ouro.

Igualmente, com a admissão do Vôlei de praia como modalidade olímpica, nossas duplas passaram a freqüentar os pódios.

Os medalhistas olímpicos brasileiros representam o nosso patrimônio histórico-esportivo.

Medalhistas olímpicos: quem é quem

Atletismo

Adhemar Ferreira da Silva (Nasceu em São Paulo – SP, em 29.9.1927. Faleceu em São Paulo – SP, em 12.1.2001)

André Domingos – André Domingos da Silva (Nasceu em Santo André – SP, em 26.11.1972)

Arnaldo Oliveira – Arnaldo de Oliveira Silva (Nasceu no Rio de Janeiro – RJ, em 26.3.1964)

Claudinei Quirino – Claudinei Quirino da Silva (Nasceu em Lençóis Paulista – SP, em 19.11.1970)

Edson Luciano – Edson Luciano Ribeiro (Nasceu em Bandeirantes – PR, em 08.12.1972)

João do Pulo – João Carlos de Oliveira (Nasceu em Pindamonhangaba – SP, em 28.5.1954. Faleceu em São Paulo – SP, em 29.5.1999)

Joaquim Cruz – Joaquim Carvalho Cruz (Nasceu em Taguatinga, Brasilia – DF, em 12.3.1963)

José Teles da Conceição (Nasceu no Rio de Janeiro – RJ, em 23.5.1931. Faleceu no Rio de Janeiro – RJ, em 18.10.1974)

Nelson Prudêncio (Nasceu em Lins – SP, em 04.4.1944)

Robson Caetano – Robson Caetano da Silva (Nasceu no Rio de Janeiro – RJ, em 04.9.1964)

Vanderlei Cordeiro – Vanderlei Cordeiro de Lima (Nasceu em Cruzeiro D'Oeste – PR, em 11.8.1969)

Vicente Lenilson – Vicente Lenilson de Lima (Nasceu em Currais Novos – RN, em 04.6.1977)

Basquete

Adriana – Adriana Aparecida dos Santos (Nasceu em São Bernardo do Campo – SP, em 18.1.1971)

Adrianinha – Adriana Moisés Pinto (Nasceu em Franca – SP, em 06.12.1978)

Alessandra – Alessandra Santos de Oliveira (Nasceu em São Paulo – SP, em 02.12.1973)

Alexandre – Alexandre Gemignani (Nasceu em São Paulo – SP, em 26.5.1925. Faleceu em São Paulo – SP, em 03.8.1999)

Alfredo – Alfredo Rodrigues da Motta (Nasceu no Rio de Janeiro – RJ, em 12.1.1921)

Leila – Leila de Souza Sobral Freitas (Nasceu em São Paulo – SP, em 21.11.1974)

Lilian – Lilian Cristina Lopes Gonçalves (Nasceu em Sorocaba – SP, em 25.4.1979)

Luis – Luis Benvenutti

Macarrão – Sérgio de Toledo Machado (Nasceu no Rio de Janeiro – RJ, em 24.2.1945)

Marcus – Marcus Vinicius Dias (Nasceu no Rio de Janeiro – RJ, em 22.1.1923)

Marson – Alberto Marson (Nasceu em São Paulo – SP, em 24.2.1923)

Martha – Martha de Souza Sobral (Nasceu em São Paulo – SP, em 23.3.1964)

Algodão – Zenny de Azevedo (Nasceu no Rio de Janeiro – RJ, em 01.3.1925. Faleceu no Rio de Janeiro – RJ, em 10.3.2001)

Amaury – Amaury Antonio Pasos (Nasceu na Argentina, em 11.12.1935, naturalizado brasileiro)

Barbosa – Antonio Carlos Barbosa (técnico) (Nasceu em Bauru – SP, em 14.4.1935)

Branca – Maria Angélica Gonçalves da Silva (Nasceu em Osvaldo Cruz – SP, em 10.1.1966)

Braz – João Francisco Braz (Nasceu em São Paulo – SP, em 25.11.1920)

Brito Cunha – Renato Miguel Gaia Brito Cunha (técnico)

Cintia Tuiú – Cintia Silva dos Santos (Nasceu em Mauá – SP, em 31.1.1975)

Cláudia Pastor – Cláudia Maria Pastor (Nasceu em Barão de Cocais – MG, em 15.7.1971)

Claudinha – Cláudia Maria das Neves (Nasceu no Guarujá – SP, em 17.2.1975)

Edson – Edson Bispo dos Santos (Nasceu no Rio de Janeiro – RJ, em 27.5.1935)

Edvar – José Edvar Simões (Nasceu em São José dos Campos – SP, em 23.4.1943)

Évora – Affonso Azevedo Évora (Nasceu no Rio de Janeiro – RJ, em 29.8.1919)

Freitas – Fernando Pereira de Freitas (Nasceu em Niterói – RJ, em 18.7.1934. Faleceu no Rio de Janeiro – RJ, em 10.2.2006)

Fritz – Friedrich Wilhelm Braun (Nasceu no Rio de Janeiro – RJ, em 18.7.1941)

Guilherme – Guilherme Rodrigues

Helen – Helen Cristina dos Santos Luz (Nasceu em Araçatuba – SP, em 23.11.1978)

Hortência – Hortência de Fátima Marcari (Nasceu em Potirendaba – SP, em 23.9.1959)

Iziane – Iziane Castro Marques (Nasceu em São Luiz – MA, em 13.3.1982)

Massinet – Massinet Sorcinelli (Nasceu em São Paulo – SP, em 27.2.1922)

Miguel Angelo Luz Coelho (técnico) (Nasceu no Rio de Janeiro – RJ, em 05.4.1959)

Moacyr Daiuto – Moacir Brondi Daiuto (técnico) (Nasceu em Altinópolis – SP, em 19.7.1915. Faleceu em São Paulo – SP, em 29.6.1995)

Mosquito – Carlos Domingos Massoni (Nasceu em São Paulo – SP, em 04.1.1939)

Moysés – Moysés Blás (Nasceu em Belo Horizonte – MG, em 24.3.1937)

Pacheco – Nilton Pacheco de Oliveira (Nasceu em Salvador – BA, em 26.7.1920)

Paula – Maria Paula Gonçalves da Silva (Nasceu em Osvaldo Cruz – SP, em 11.3.1962)

Paulo Bassul – Paulo Roberto Bassul Campos (técnico) (Nasceu em Ourinhos – SP, em 21.10.1967)

Pontello – Simone Pontello (Nasceu em São Paulo – SP, em 08.9.1971)

Rosa Branca – Carmo de Souza (Nasceu em Araraquara – SP, em 19.7.1940)

Roseli – Roseli do Carmo Gustavo (Nasceu em Araraquara – SP, em 25.7.1971)

Ruth – Ruth Roberta de Souza Luz Nascimento (Nasceu em Três Lagoas – MS, em 3.10.1968)

Ruy – Ruy de Freitas (Nasceu no Rio de Janeiro – RJ, em 24.8.1916)

Silvinha – Silvia Andréa dos Santos Luz (Nasceu em Araçatuba – SP, em 05.3.1975)

Succar – Antonio Salvador Succar (Nasceu em Lules, Tucuman, Argentina, em 14.6.1939, naturalizado brasileiro)

Ubiratan – Ubiratan Pereira Maciel (Nasceu em São Paulo – SP, em 18.1.1944. Faleceu em São Paulo – SP, em 17.7.2002)

Janeth – Janeth dos Santos Arcain (Nasceu em São Paulo – SP e foi registrada em Carapicuíba – SP, em 11.4.1969

Jathyr – Jathyr Eduardo Schall (Nasceu em São Paulo – SP, em 18.10.1938)

Kanela – Togo Renan Soares (técnico) (Nasceu em João Pessoa – PB, em 21.5.1906. Faleceu no Rio de Janeiro – RJ, em 12.12.1992)

Karla – Karla Cristina Martins da Costa (Nasceu em Brasília – DF, em 25.9.1978)

Kelly – Kelly da Silva Santos (Nasceu em São Paulo – SP, em 10.11.1979)

Victor – Victor Mirshawka (Nasceu em Tucherni, Polônia, em 27.4.1941, naturalizado brasileiro)

Waldemar – Waldemar Blatskauskas (Nasceu em São Paulo – SP, em 17.3.1938. Faleceu em Jundiaí – SP, em 06.3.1964)

Waldir – Waldir Geraldo Boccardo (Nasceu em São Manoel – SP, em 28.1.1936)

Wlamir – Wlamir Marques (Nasceu em São Vicente – SP, em 16.7.1937)

Zaine – Ilisaine Karen David (Nasceu em Jundiaí – SP, em 17.12.1977)

Futebol

Ademir – Ademir Roque Kaefer (Nasceu em Toledo – PR, em 06.1.1960)

Aldair – Aldair Nascimento dos Santos (Nasceu em Ilhéus – BA, em 30.11.1965)

Aline Pellegrino – (Nasceu em São Paulo – SP, em 06.7.1982)

Aloísio – Aloísio Pires Alves (Nasceu em Pelotas – RS, em 16.8.1963)

Amaral – Alexandre da Silva Mariano (Nasceu em Capivari – SP, em 28.2.1972)

Andrade – Jorge Luis Andrade da Silva (Nasceu em Juiz de Fora – MG, em 21.4.1957)

André Cruz – André Alves da Cruz (Nasceu em Piracicaba – SP, em 20.9.1968)

André Luiz – André Luiz dos Santos Ferreira (Nasceu em Porto Alegre – RS, em 21.10.1959)

André Luiz – André Luiz Moreira (Nasceu em São Paulo – SP, em 14.11.1974)

Andréia – Andréia Suntaque (Nasceu em Nova Cantú – PR, em 14.9.1977)

Batista – João Batista Viana dos Santos (Nasceu em Uberlândia – MG, em 20.7.1961)

Luiz Henrique – Luiz Henrique Dias (Nasceu em Limeira – SP, em 18.5.1960)

Luizão – Luiz Carlos Bombonato Goulart (Nasceu em Rubinéia – SP, em 14.11.1975)

Maravilha – Marliza Wahlbrink (Nasceu em Constantina – RS, em 10.4.1973)

Marta – Marta Vieira da Silva (Nasceu em Dois Riachos – AL, em 19.8.1986)

Mauro Galvão – Mauro Geraldo Galvão (Nasceu em Porto Alegre – RS, em 19.12.1961)

Maycon – Andréia dos Santos (Nasceu em Lages – SC, em 30.4.1977)

Mazinho – Iomar do Nascimento (Nasceu em Santa Rita – PB, em 08.4.1966)

Marcelinho Paulista – Marcelo José de Souza (Nasceu em Cotia – SP, em 13.9.1973)

Milton – Milton Luiz de Souza Filho (Nasceu no Rio de Janeiro – RJ, em 11.11.1961)

Milton Cruz – Milton da Cruz (Nasceu em Cubatão – SP, em 01.8.1957)

Mônica – Mônica Angélica de Paula (Nasceu em São Carlos – SP, em 04.4.1978)

Narciso – Narciso dos Santos (Nasceu em Neópolis – SE, em 23.12.1973)

Bebeto – José Roberto Gama de Oliveira (Nasceu em Salvador – BA, em 16.2.1964)

Beto – Joubert Araújo Martins (Nasceu em Cuiabá – MT, em 07.1.1975)

Careca – Hamilton de Souza (Nasceu em Passos – MG, em 27.9.1968)

Carlos Alberto Silva (técnico) (Nasceu em Bom Jesus de Minas – MG, em 14.8.1939)

Chicão – Francisco Carlos Martins Vidal (Nasceu em Rio Brilhante – MS, em 22.6.1962)

Cristiane – Cristiane Rozeira de Souza e Silva (Nasceu em Osasco – SP, em 15.5.1985)

Daniela Alves – Daniela Alves Lima (Nasceu em São Paulo – SP, em 12.1.1984)

Danrley – Danrley de Deus Hinterhloz (Nasceu em Crissiumal – RS, em 14.4.1973)

Davi – Davi Cortez da Silva (Nasceu no Rio de Janeiro – RJ, em 19.11.1963)

Dida – Nelson de Jesus Silva (Nasceu em Irará – BA, em 7.10.1973)

Dunga – Carlos Caetano Bledorn Verri (Nasceu em Ijui – RS, em 31.10.1963)

Edmar – Edmar Bernardes dos Santos (Nasceu Araxá – MG, em 20.1.1960)

Elaine Baiana – Elaine Estrela Moura (Nasceu em Salvador – BA, em 01.11.1982)

Flávio Conceição – Flávio da Conceição (Nasceu em Santa Maria da Serra – SP, em 12.6.1974)

Formiga – Miraildes Maciel Motta (Nasceu em Salvador – BA, em 03.3.1978)

Geovani – Geovani Silva de Oliveira (Nasceu em Abaetetuba – PA, em 04.2.1972)

Gilmar – Augilmar Silva Oliveira (Nasceu em Manaus – AM, em 18.2.1964)

Gilmar – Gilmar Luiz Rinaldi (Nasceu em Erexim – RS, em 13.1.1959)

Grazi – Grazielle Pinheiro Nascimento (Nasceu em Brasília – DF, em 28.3.1981)

Nelsinho – Nelson Luis Kerschner (Nasceu em São Paulo – SP, em 31.12.1962)

Neto – José Ferreira Neto (Nasceu em Santo Antônio de Posse – SP, em 09.9.1966)

Paulo – Paulo Santos (Nasceu em Porto Alegre – RS)

Pinga – Jorge Luiz da Silva Brum (Nasceu em Porto Alegre – RS, em 30.4.1965)

Pretinha – Delma Gonçalves (Nasceu no Rio de Janeiro – RJ, em 19.5.1975)

Renata Costa – Renata Aparecida da Costa (Nasceu em Assai – PR, em 08.7.1986)

Renê Simões – Renê Rodrigues Simões (técnico) (Nasceu no Rio de Janeiro – RJ, em 17.12.1952)

Ricardo Gomes – Ricardo Gomes Raymundo (Nasceu no Rio de Janeiro – RJ, em 13.12.1964)

Rivaldo – Rivaldo Victor Borba Ferreira (Nasceu em Paulista – PE, em 19.4.1972)

Roberto Carlos – Roberto Carlos Silva (Nasceu em Garça – SP, em 10.4.1973)

Romário – Romário de Souza Faria (Nasceu no Rio de Janeiro – RJ, em 29.1.1966)

Ronaldinho – Ronaldo Guiaro (Nasceu em Piracicaba – SP, em 18.2.1974)

Ronaldinho – Ronaldo Luiz Nazário de Lima (Nasceu no Rio de Janeiro – RJ, em 22.9.1976)

Ronaldo – Ronaldo Moraes Silva (Nasceu em São Paulo – SP, em 02.3.1962)

Rosana – Rosana dos Santos Augusto (Nasceu em São Paulo – SP, em 07.7.1982)

Roseli – Roseli de Belo (Nasceu em São Paulo – SP, em 07.9.1969)

Sávio – Sávio Bortolini Pimentel (Nasceu em São Torquato – ES, em 09.1.1974)

Silvinho – Silvio Paiva (Nasceu em Franca – SP, em 13.11.1958)

Taffarel – Cláudio André Mergen Taffarel (Nasceu em Santa Rosa – RS, em 28.5.1966)

Jair Picerni (técnico) (Nasceu em São Paulo – SP, em 20.10.1944)

João Paulo – Sérgio Luiz Donizetti (Nasceu em Campinas – SP, em 09.7.1964)

Jorginho – Jorge Amorim Campos (Nasceu no Rio de Janeiro – RJ, em 18.8.1964)

Juliana Cabral – Juliana Ribeiro Cabral (Nasceu em São Paulo – SP, em 03.10.1981)

Juninho Paulista – Osvaldo Giroldo Júnior (Nasceu em São Paulo – SP, em 22.2.1973)

Kelly – Kelly Cristina Pereira da Silva (Nasceu em São Gonçalo – RJ, em 15.5.1985)

Kita – João Marcos Leichardt Neto (Nasceu em Passo Fundo – RS, em 06.1.1958)

Luiz Carlos Winck – Luiz Carlos Coelho Winck (Nasceu em Portão – RS, em 5.1.1963)

Tânia Maranhão – Tânia Maria Pereira Ribeiro (Nasceu em São Luis – MA, em 10.3.1974)

Tonho – Antônio José Gil (Nasceu em Florianópolis – SC, em 28.8.1957)

Valdo – Edvaldo Miritão (Nasceu em Pontal – SP, em 10.10.1971)

Zagallo – Mário Jorge Lobo Zagallo (técnico) (Nasceu em Maceió – AL, em 09.8.1931)

Zé Carlos – José Cota Araújo (Nasceu em Ipameri – GO, em 19.5.1965)

Zé Elias – José Elias Moedim Júnior (Nasceu em São Paulo – SP, em 25.9.1976)

Zé Maria – José Marcelo Ferreira (Nasceu em Oeiras – PI, em 25.7.1973)

Hipismo (equitação)

Doda – Alvaro Affonso de Miranda Neto (Nasceu em São Paulo – SP, em 05.2.1973)

André Johannpeter – André Bier Johannpeter (Nasceu em Porto Alegre – RS, em 10.3.1973)

Luiz Felipe Azevedo – Luiz Felipe Cortizo Gonçalves de Azevedo (Nasceu no Rio de Janeiro – RJ, em 17.8.1953)

Rodrigo Pessoa – Rodrigo de Paula Pessoa (Nasceu em Paris, França, em 29.11.1972, tem dupla cidadania)

Iatismo (vela)

Alex Welter – Alexandre Welter (Nasceu em São Paulo – SP, em 30.6.1953)

Burkhard Cordes (Nasceu na Alemanha, em 15.5.1939, naturalizado brasileiro)

Daniel Adler (Nasceu no Rio de Janeiro – RJ)

Eduardo Penido – Eduardo Henrique Gomes Penido (Nasceu no Rio de Janeiro – RJ, em 23.1.1960)

Marcelo Ferreira – Marcelo Bastos Ferreira (Nasceu em Niterói – RJ, em 26.9.1965)

Marcos Soares – Marcos Pinto Rizzo Soares (Nasceu no Rio de Janeiro – RJ, em 16.2.1961)

Nelson Falcão – Nelson Castanheira de Barros Falcão (Nasceu no Rio de Janeiro – RJ, em 1946)

Peter Ficker – (Nasceu em São Paulo – SP, em 08.6.1951)

Kiko – Henrique Pellicano (Nasceu Rio de Janeiro – RJ, em 28.2.1974)

Lars Björkstrom – Lars Sigurd Björkstrom (Nasceu em Gotemburgo, Suécia, em 19.11.1943, naturalizado brasileiro em 1979)

Lars Grael – Lars Schimidt Grael (Nasceu em São Paulo – SP, em 09.2.1964)

Reynaldo Conrad – (Nasceu em São Paulo – SP, em 31.5.1942)

Robert Scheidt – (Nasceu em São Paulo – SP, em 15.4.1973)

Ronald Senfft – Ronald Camargo Senfft

Torben Grael – Torben Schimidt Grael (Nasceu em São Paulo – SP, em 22.7.1960)

Judô

Aurélio Miguel – Aurélio Fernandes Miguel (Nasceu em São Paulo – SP, em 10.3.1964)

Carlos Honorato – Carlos Eduardo Honorato (Nasceu em São Paulo – SP, em 09.11.1974)

Chiaki Ishii (Nasceu em Tóquio, Japão, em 01.10.1941, naturalizado brasileiro)

Douglas Vieira – Douglas Eduardo Vieira (Nasceu em Londrina – PR, em 17.6.1960)

Flávio Canto – Flávio Vianna de Ulhoa Canto (Nasceu em Oxford, Inglaterra, em 16.4.1975, tem dupla cidadania)

Henrique Guimarães – Henrique Carlos Serra Azul Guimarães (Nasceu em São Paulo – SP, em 09.9.1972)

Leandro Guilheiro – Leandro Marques Guilheiro (Nasceu em Suzano – SP, em 07.8.1983)

Luis Onmura – Luis Yoshio Onmura (Nasceu em São Paulo – SP, em 29.6.1960)

Rogério Sampaio – Rogério Sampaio Cardoso (Nasceu em Santos – SP, em 12.9.1967)

Tiago Camilo – Tiago Henrique de Oliveira Camilo (Nasceu em Tupã – SP, em 25.5.1982)

Walter Carmona – (Nasceu – São Paulo – SP, em 12.6.1956)

Natação

Carlos Jayme – Carlos Alberto Jorge Jayme (Nasceu em Goiânia – GO, em 13.6.1980)

Cyro Delgado – Cyro Marques Delgado (Nasceu em Porto União – SC, em 11.5.1961)

Djan Madruga – Djan Garrido Madruga (Nasceu em Santos – SP, em 1958)

Edvaldo Valério – Edvaldo Valério da Silva Filho (Nasceu em Salvador – BA, em 20.4.1978)

Fernando Scherer (Xuxa) – Fernando de Queiróz Scherer (Nasceu em Florianópolis – SC, em 6.10.1974)

Jorge Fernandes – Jorge Luiz Leite Fernandes (Nasceu no Rio de Janeiro – RJ, em 20.4.962)

Manoel dos Santos Júnior (Nasceu em Guararapes – SP, em 22.2.1939)

Marcos Mattioli – Marcos Laborne Mattioli (Nasceu em Belo Horizonte – MG, em 18.10.1960)

Ricardo Prado – Ricardo Prado Campos (Nasceu em Andradina – SP, em 03.1.1965)

Gustavo Borges – Gustavo França Borges (Nasceu em Ribeirão Preto – SP, em 02.12.1972)

Tetsuo Okamoto (Nasceu em Marilia – SP, em 20.3.1932. Faleceu em São Paulo – SP, em 02.10.2007)

Pugilismo

Servilio de Oliveira – Servilio Sebastião de Oliveira (Nasceu em São Paulo – SP, em 06.5.1948)

Tiro

Afranio Costa – Afranio Antonio da Costa (Nasceu em Macaé – RJ, em 14.3.1882. Faleceu no Rio de Janeiro – RJ, em 27.6.1979)
Dario Barbosa (Nasceu no RS)
Fernando Soledade

Guilherme Paraense (Nasceu em Belém – PA, em 25.6.1884. Faleceu no Rio de Janeiro – RJ, em 18.4.1968)
Sebastião Wolf

Vôlei

Amauri – Amauri Ribeiro (Nasceu em São Paulo – SP, em 23.1.1959)
Ana Flávia – Ana Flávia Chitaro Daniel Sanglard (Nasceu em Belo Horizonte – MG, em 20.6.1970)
Ana Moser – Ana Beatriz Moser (Nasceu em Blumenau – SC, em 14.8.1968)
Ana Paula – Ana Paula Rodrigues Connelly (Nasceu em Lavras – MG, em 13.2.1972)
Anderson – Anderson de Oliveira Rodrigues (Nasceu em Belo Horizonte – MG, em 21.5.1974)
André Heller – (Nasceu em Novo Hamburgo – RS, em 17.12.1975)
André Nascimento – André Luiz da Silva Nascimento (Nasceu em São João do Meriti – RJ, em 04.3.1979)

Janina – Janina Déia Chagas da Conceição (Nasceu no Rio de Janeiro – RJ, em 25.10.1972)
Jorge Edson – Jorge Edson Souza de Brito (Nasceu em Porto Alegre – RS, em 13.10.1966)
Karin – Karin Rodrigues (Nasceu em São Paulo – SP, em 08.11.1971)
Katia – Katia Andréia Caldeira Lopes (Nasceu no Rio de Janeiro – RJ, em 13.7.1973)
Kely – Kely Kolasco Fraga (Nasceu em Belo Horizonte – MG, em 03.10.1974)
Leila – Leila Gomes de Barros (Nasceu em Brasília – DF, em 30.9.1971)
Maracanã – Domingos Lampariello Neto (Nasceu em São Paulo – SP, em 07.3.1961)
Marcelo Negrão – Marcelo Teles Negrão (Nasceu em São Paulo – SP, em 10.10.1972)

Badalhoca – Antonio Carlos Gueiros Ribeiro (Nasceu no Rio de Janeiro – RJ, em 15.6.1957)

Bebeto – Paulo Roberto de Freitas (técnico) (Nasceu no Rio de Janeiro – RJ, em 1950)

Bernard – Bernard Rajzman (Nasceu no Rio de Janeiro – RJ, em 25.4.1957)

Bernardinho – Bernardo Rocha de Rezende (atleta e técnico) (Nasceu no Rio de Janeiro – RJ, em 25.8.1959)

Brunoro – José Carlos Brunoro (técnico) (Nasceu em São Paulo – SP, em 11.6.1950)

Carlão – Antonio Carlos Aguiar Gouveia (Nasceu em Rio Branco – AC, em 20.4.1965)

Dante – Dante Guimarães Santos do Amaral (Nasceu em Itumbiara – GO, em 20.9.1980)

Douglas – Douglas Chiarotti (Nasceu em Santo André – SP, em 10.11.1970)

Elisangela – Elisangela Almeida de Oliveira (Nasceu em Londrina – PR, em 30.10.1978)

Erika – Erika Kelly Pereira Coimbra (Nasceu em Belo Horizonte – MG, em 23.3.1980)

Escadinha – Sergio Dutra dos Santos (Nasceu em Diamante do Norte – Nova Londrina – PR, em 15.10.1975)

Fernanda Venturini – Fernanda Porto Venturini (Nasceu em Araraquara – SP, em 24.10.1970)

Fernandão – Fernando Roscio de Avila (Nasceu no Rio de Janeiro – RJ)

Filó – Ericléia Bodziak (Nasceu em Curitiba – PR)

Fofão – Hélia Rogério de Souza (Nasceu em São Paulo – SP, em 10.3.1970)

Giba – Gilberto Amauri de Godoy Filho (Nasceu em Londrina – PR, em 23.12.1976)

Giovane – Giovane Farinazzo Gavio (Nasceu em Juiz de Fora – MG, em 07.9.1970)

Gustavo Endres (Nasceu em Passo Fundo – RS, em 23.8.1975)

Hilma – Hilma Aparecida Caldeira (Nasceu em Diamantina – MG, em 12.1.1969)

Márcia Fú – Márcia Regina Cunha (Nasceu em Juiz de Fora-MG, em 26.7.1969)

Marcus Vinicius – Marcus Vinicius Simões Freire (Nasceu em Bento Gonçalves – RS, em 1962)

Mauricio – Mauricio Camargo Lima (Nasceu em Campinas – SP, em 27.1.1968)

Montanaro – José Montanaro Júnior (Nasceu em São Paulo – SP, em 29.6.1958)

Nalbert – Nalbert Tavares Bitencourt (Nasceu no Rio de Janeiro – RJ, em 09.3.1974)

Pampa – André Felipe Falbo Ferreira (Nasceu em Recife – PE, em 21.11.1964)

Paulão – Paulo Bento André Jukoski Silva (Nasceu em Porto Alegre – RS, em 24.12.1963)

Raquel – Raquel Peluci Xavier da Silva (Nasceu em São Paulo – SP, em 30.4.1978)

Renan – Renan dal Zotto (Nasceu em São Leopoldo – RS, em 10.6.1960)

Ricarda – Ricarda Barbosa Lima (Nasceu em Brasília – DF, em 12.9.1970)

Ricardinho – Ricardo Bermudez Garcia (Nasceu em São Paulo – SP, em 19.11.1975)

Rodrigão – Rodrigo Santana (Nasceu em São Paulo – SP, em 17.4.1979)

Ruy – Ruy Campos Nascimento

Sandra – Sandra Maria Lima Suruagy

Talmo – Talmo Curto de Oliveira (Nasceu em Itabira – MG, em 10.10.1969)

Tande – Alexandre Ramos Samuel (Nasceu em Rezende – RJ, em 20.3.1970)

Virna – Virna Cristine Dantas Dias (Nasceu em Natal – RN, em 31.8.1971)

Waleska – Waleska Moreira de Oliveira (Nasceu em Belo Horizonte – MG, em 01.10.1979)

William – William Carvalho da Silva (Nasceu em São Paulo – SP, em 16.11.1954)

Xandó – Mário Xandó Oliveira Neto (Nasceu em Poços de Caldas – MG, em 31.7.1961)

Ida – Ana Margarida Vieira Álvares (Nasceu em São Pulo – SP, em 22.1.1965)
Janelson – Janelson dos Santos Carvalho (Nasceu em Porto Alegre – RS, em 24.3.1969)

Zé Roberto – José Roberto Lages Guimarães (Nasceu em Quintana – SP, em 31.7.1954)

Vôlei de praia

Adriana Behar – Adriana Brandão Behar (Nasceu no Rio de Janeiro – RJ, em 14.2.1969)
Adriana Samuel – Adriana Ramos Samuel (Nasceu no Rio de Janeiro – RJ, em 13.2.1962)
Emanuel – Emanuel Fernando Scheffer Rego (Nasceu em Curitiba – PR, em 15.4.1973)
Jacqueline – Jacqueline Louise Cruz Silva (Nasceu no Rio de Janeiro – RJ, em 13.2.1962)
Mônica Rodrigues

Ricardo – Ricardo Alex Costa Santos (Nasceu em Salvador – BA, em 06.1.1975)
Sandra Pires – Sandra Tavares Pires (Nasceu no Rio de Janeiro – RJ, em 16.6.1973)
Shelda – Shelda Kelly Bruno Bede (Nasceu em Fortaleza – CE, em 01.1.1973)
Zé Marco – José Marco Nobrega Ferreira de Melo (Nasceu em João Pessoa – PB, em 19.3.1971)

Pólo aquático

Alexandra – Alexandra Araújo de Santis (Nasceu no Rio de Janeiro – RJ, em 07.7.1972) (Medalha de ouro pela Itália)

27
Classificar-se também é honroso

O êxito de um atleta não pode ser medido exclusivamente pelas medalhas que ele conquistar. Uma classificação de destaque também é altamente honrosa. Quem está entre os dez melhores do mundo só tem que se orgulhar do seu feito, especialmente se for considerada a grande quantidade de participantes de cada prova e, ainda mais, o número de aspirantes que não conseguiram o índice técnico exigido para competir na cidade-sede.

Levando em conta o Quadro 5, verifica-se que os atletas do Brasil obtiveram 239 classificações olímpicas, mas o que chama a atenção é que, em 41 vezes, conquistaram quartas colocações, isto é, estiveram muito perto da medalha de bronze.

Acreditamos que, se fosse possível fazer uma avaliação mais criteriosa da eficiência técnica do nosso país nos Jogos Olímpicos, deveriam ser levadas em consideração não somente as vezes em que subimos ao pódio, mas, também, as classificações de destaque obtidas.

Quadro 5 – Resumo das classificações

Esporte	Classificação							TOTAL
	4º	5º	6º	7º	8º	9º	10º	
Atletismo	9	7	4	3	7	2	4	**36**
Basquete	2	3	3	2	–	1	–	**11**
Canoagem	–	–	1		4	–	–	**5**
Ciclismo	–	1	1	1	–	1	1	**5**
Esgrima	–	–	–	–	–	–	1	**1**
Futebol	3	1	1	–	–	–	–	**5**
Ginástica – GRD	–	–	–	–	2	–	–	**2**
Ginástica artística	–	1	–	–	–	1	–	**2**
Handebol	–	–	–	1	1	–	1	**3**
Hipismo	3	1	1	2	3	1	6	**17**
Hóquei sobre patins	–	1	–	–	–	–	–	**1**
Iatismo	5	2	4	6	4	5	7	**33**
Judô	–	4	–	10	–	4	–	**18**
Levantamento de peso	–	–	–	–	–	1	–	**1**
Natação	7	6	8	4	5	4	4	**38**
Pentatlo moderno	–	–	1	–	–	–	1	**2**
Pólo aquático	–	–	1	–	–	–	–	**1**
Pugilismo	–	8	–	–	–	2	–	**10**
Remo	4	2	–	3	2	–	2	**13**
Saltos ornamentais	–	–	1	1	1	1	–	**4**
Taekowdo	2	–	–	–	–	–	–	**2**
Tênis	1	–	–	–	–	–	–	**1**
Tiro	2	1	–	1	4	2	1	**11**
Vôlei	3	2	2	4	1	1	–	**13**
Vôlei de praia	–	–	2	–	–	2	–	**4**
TOTAL	**41**	**40**	**30**	**38**	**34**	**28**	**28**	**239**

28
Nosso patrimônio humano

Quem participou dos Jogos Olímpicos e obteve uma classificação até o décimo posto passa, automaticamente, a integrar uma relação que representa o próprio patrimônio humano-esportivo da nossa nação. Não são somente os medalhistas que devem ser reverenciados.

Com o esporte tão desenvolvido, praticado por duzentas nações de todo o mundo, não deixa de constituir um grande feito estar entre os dez melhores de cada prova.

Desde 1920, quando começou a nossa participação olímpica ao longo dos 19 Jogos a que comparecemos, essa glória foi obtida por 558 atletas que, somados aos 249 medalhistas olímpicos, leva-nos a um total de 807 brasileiros glorificados nas quadras, pistas, piscinas e tatames das cidades-sede do evento nos cinco continentes.

Talvez seja longa a lista que apresentaremos a seguir, mas dedicar apenas uma linha para cada um é o mínimo que podemos fazer em homenagem a eles.

Classificados entre o 4º e o 10º lugares: quem é quem

Atletismo

Adalberto Cardoso

Agberto Guimarães – Agberto Conceição Guimarães (Nasceu em Tucurui – PA, em 1958)

Aida dos Santos (Nasceu em Niterói – RJ, em 01.3.1937)

Altevir Araújo Filho – Altevir Silva de Araújo Filho (Nasceu em Curitiba – PR, em 1955)

Antonio Ferreira – Antonio Euzébio Dias Ferreira (Nasceu em 1960)

Arnaldo Ferrara

Ary Façanha de Sá (Nasceu em Guimarães – MA, em 01.4.1928)

Carlos Joel Nelli (Nasceu em Sorocaba – SP)

Cláudio Roberto – Claudio Roberto de Souza (Nasceu em Terezina – PI, em 22.12.1973)

Clovis Raposo – Clovis de Figueiredo Raposo

Edielson Tenório – Edielson Rocha Tenório

Eronildes Araújo – Eronildes Nunes de Araújo (Nasceu em Bom Jesus da Lapa – BA, em 31.12.1970)

Everson Teixeira – Everson da Silva Teixeira

Geraldo de Oliveira – Geraldo de Oliveira (Nasceu no Rio de Janeiro – RJ)

Geraldo Pegado – Geraldo José Pegado

Hélio da Silva – Helio Coutinho da Silva

Jadel Gregório (Nasceu em Jandaia do Sul – PR, em 16.9.1980)

João Batista da Silva – João Batista Eugênio da Silva (Nasceu em João Pessoa – PB, em 1965)

Keila Costa da Silva (Nasceu em Recife – PE, em 03.2.1983)

Lúcio de Castro – Lúcio Almeida Prado de Castro (Nasceu em São Paulo – SP)

Luis Antonio dos Santos (Nasceu em Volta Redonda – RJ, em 1965)

Márcio Castellar de Oliveira

Maria da Conceição Cypriano (Nasceu no Rio de Janeiro – RJ)

Mário de Araújo Marques

Matheus Inocêncio – Matheus Facho Inocêncio (Nasceu em Patrocínio Paulista – SP, em 17.5.1981)

Milton Castro – Milton Costa de Castro

Nelson dos Santos – Nelson Rocha dos Santos (Nasceu no Rio de Janeiro – RJ, em 1952)

Paulo Correia – Paulo Roberto Correia (Nasceu em São Paulo – SP, em 1960)

Ricardo Vaz Guimarães

Ruy da Silva – Ruy Silva

Sanderlei Parrela – Sanderlei Claro Parrela (Nasceu em Santos – SP, em 07.10.1974)

Sérgio Mathias – Sérgio Mathias F. de Menezes

Sidney Telles de Souza

Sylvio de Magalhães Padilha (Nasceu em Niterói – RJ, em 05.6.1909. Faleceu em São Paulo – SP, em 28.8.2002)

Zequinha Barbosa – José Luis Barbosa (Nasceu em Três Lagoas – MS, em 27.5.1961)

José Xavier de Almeida (Nasceu no Rio de Janeiro – RJ)

Katsuhico Nakaya (Nasceu em São Paulo – SP, em 1957)

Basquete

Adilson – Adilson de Freitas Nascimento (Nasceu em São Paulo – SP, em 03.12.1951)

Agra – Eduardo Nilton Agra Galvão

Albano – Armando Albano (Nasceu no Rio de Janeiro – RJ, em 11.6.1942)

Almir – Almir Nelson de Almeida (Nasceu em Salvador – BA, em 02.9.1923. Faleceu no Rio de Janeiro – RJ, em 14.4.1977)

André – André Luiz Ernesto Stoffel (Nasceu em São Paulo – SP, em 09.4.1960)

Angelim – Angelo Bonfietti (Nasceu em São Paulo – SP, em 06.8.1926. Faleceu em São Paulo – SP, em 10.10.2004)

Arno Frank (técnico)

Ary Vidal – Ary Ventura Vidal (técnico) (Nasceu no Rio de Janeiro – RJ, em 28.12.1935)

Baiano – Aloyzio Ramos Accioly Netto

Bombarda – Wilson Bombarda (Nasceu em Lins – SP, em 07.10.1930)

Cacau – Antonio Luiz de Barros Nunes

Cadum – Ricardo Cardoso Guimarães (Nasceu em São Paulo – SP, em 04.10.1959)

Caio Cassiolato – Caio Eduardo de Melo Cassiolato (Nasceu em Casa Branca – SP, em 18.9.1974)

Caio Cezar – Caio Cezar Franco da Silveira

Carioquinha – Milton Setrini Júnior (Nasceu em São Paulo – SP, em 04.1.1951)

César – César Augusto Sebba

Cláudio Mortari (técnico)

Coroa – Waldemar Gonçalves

Marcelo – Marcelo Vido (Nasceu em 15.1.1959)

Márcio – Márcio Rudolf Sobrinho

Marcos – Marcos Antonio Abdala Leite

Maria Helena – Maria Helena Cardoso (técnica e jogadora) (Nasceu em Descalvado – SP, em 13.3.1940)

Mário Amâncio Duarte (técnico)

Marquinhos – Marcos Antonio Abdalla Leite (Nasceu no Rio de Janeiro – RJ, em 23.3.1952)

Martinez – Miguel Pedro Martinez Lopes

Martins – Luiz Martins de Mello

Maury – Maury Ramon Ponickwar de Souza (Nasceu em Campinas – SP, em 02.9.1962)

Mayr – Mayr Facci (Nasceu em São Paulo – SP, em 07.4.1927)

Menon – Luiz Cláudio Menon (Nasceu em São Paulo – SP, em 07.2.1944)

Montanarini – Américo Montanarini (Nasceu em São Paulo – SP)

Nádia – Nádia Bento de Lima (Nasceu em Osasco – SP, em 30.7.1965)

Nelson – Nelson Couto e Silva Marques Lisboa

Nelson – Nelson Monteiro de Souza

Nilo – Nilo Martins Guimarães (Nasceu em Mogi das Cruzes – SP, em 04.4.1957)

Oliva – Carlos Henrique Rodrigues do Nascimento

Oscar – Oscar Daniel Bezerra Schmidt (Nasceu em Natal – RN, em 16.2.1958)

Paulão – Paulo Cesar Silva

Paulinho – Paulo Villas Boas de Almeida (Nasceu em São Paulo – SP, em 26.1.1963)

Demetrius – Demetrius Conrado Ferraciú (Nasceu em São Paulo – SP, em 17.7.1973)

Dodi – Washington Joseph (Nasceu em São Paulo – SP, em 05.6.1950)

Erika – Erika Cristina de Souza (Nasceu no Rio de Janeiro – RJ, em 09.3.1982)

Fausto – Fausto Sucena Rasga Filho

Fransérgio – Francisco Sérgio Garcia (Nasceu em Franca – SP, em 08.5.1948)

Gerson – Gerson Victalino (Nasceu em Belo Horizonte – MG, em 17.9.1959)

Gilson – Gilson Trindade de Jesus

Godinho – Hélio Marques Pereira

Guerrinha – Jorge Guerra (Nasceu em Franca – SP, em 21.6.1959)

Heleninha – Maria Helena Campos (Nasceu em São Paulo – SP, em 21.9.1937)

Hélio Rubens – Hélio Rubens Garcia (Nasceu em Franca – SP, em 02.9.1940)

Hermes – Mário Jorge da Fonseca Hermes (Nasceu no Rio de Janeiro – RJ, em 14.8.1926)

Israel – Israel Machado Campelo Andrade (Nasceu em Salvador – BA, em 17.1.1960)

Jamil – Jamil Gedeão (Nasceu em Recife – PE, em 19.4.1931)

Janjão – Joelcio Joerke

Jorge– Jorge Carlos Dortas Olivieri

José Medalha – José Medalha (técnico) (Nasceu em Catanduva – SP, em 11.4.1944)

Josuel – Aristides Josuel dos Santos (Nasceu em Barueri – SP, em 14.6.1970)

Joyce – Joycenara Batista (Nasceu em Curitiba – PR, em 25.6.1967)

Joy – José Aparecido dos Santos

Luiz Felipe – Luiz Felipe Faria de Azevedo (Nasceu em Vitória – ES, em 01.4.1928)

Luiz Gustavo – Luiz Gustavo de Miranda Lage

Manoel Pitanga – Manoel Rodrigues Leite Pitanga (técnico)

Pavão – Ary dos Santos Furtado (Nasceu em Vitória – ES)

Pedroca – Pedro Morilla Fuentes (técnico) (Nasceu em São Paulo – SP, em 27.4.1929)

Pilla – Carmino de Pilla

Pipoka – José João Vianna (Nasceu em Brasília – DF, em 15.11.1963)

Radamés Lattari (técnico)

Radvilas – Radvilas Kasimiras Grokala

Ratto – André Luiz Guimarães Fonseca (Nasceu em Salvador – BA, em 04.3.1969)

Raymundo – Raymundo Carvalho dos Santos

Robertão – Roberto José Corrêa (Nasceu no Rio de Janeiro – RJ, em 05.5.1949)

Rogério – Rogério Klafke (Nasceu em Porto Alegre – RS, em 26.3.1971)

Rolando – Rolando Ferreira Júnior (Nasceu em Curitiba – PR, em 24.5.1964)

Saiani – José Carlos Santos Saiani

Scarpini – Celso Luiz Scarpini (Nasceu no RS)

Silvia – Silvia Crtistina Gustavo Rocha (Nasceu em São Paulo – SP, em 14.5.1982)

Sylvio – Sylvio Malavazzi (Nasceu em São Paulo – SP, em 17.3.1960)

Thales – Thales Monteiro (Nasceu em Araraquara – SP, em 20.2.1925)

Tião – Sebastião Amorim Gimenez

Tonico – Antonio José Nogueira Santana

Vânia – Vania Hernandes de Souza (Nasceu em São Paulo – SP, em 30.6.1963)

Vivian – Vivian Cristina Lopes (Nasceu em São Paulo – SP, em 07.1.1976)

Wagner – Wagner Machado da Silva

Wilson – Wilson Fernando Kuhn Minucci

Zé Geraldo – José Geraldo de Castro (Nasceu em Presidente Prudente – SP)

Zé Luiz – José Luiz Santos de Azevedo

Zelaya – Oscar Zelaya Alonso

Zezé – Maria José Bortolotti

Marcel – Marcel Ramon Ponickwar de Souza
(Nasceu em Campinas – SP, em 04.12.1956)

Canoagem

Guto – Carlos Augusto de Campos (Nasceu em São Paulo – SP, em 05.7.1978)
Roger Caumo – (Nasceu em Bento Gonçalves – RS, em 20.4.1979)

Sebastian Cuattrin – Sebastian Ariel Cuattrin (Nasceu na Argentina, em 06.9.1973, naturalizado brasileiro, em 1992)

Ciclismo

Anésio Argenton (Nasceu em Araraquara – SP, em 1931)

Clóvis Anderson – Clóvis Anderson Júnior

Esgrima

Henrique Vallim – Henrique de Aguiar Vallim (Nasceu em São Paulo – SP)

Futebol

Acre – Sonia Maria Roque da Costa
Adésio – Adésio Alves Machado (Nasceu em Recife – PE, em 12.1.1933)
Alberto – Alberto Raimundo Marques
Alex – Alexsandro de Souza (Nasceu em Curitiba – PR, em 14.9.1977)
Álvaro – Alvaro Luis Maior de Aquino Ribeiro (Nasceu em Nilópolis – RJ, em 01.1.1977)
Amaury – Amaury de Almeida Nóbrega
André Luis – André Luis Garcia (Nasceu em Porto Alegre – RS, em 24.9.1979)

Illo – Illo Lins Caldas
Jansen – Jansen José Moreira (Nasceu no Rio de Janeiro – RJ, em 10.7.1927)
Jarbas – Jarbas Tomazolli Nunes
Julinho – Júlio César da Silva Gurjol (Nasceu em 1963)
Júnior – Leovegildo Lins Gama Júnior (Nasceu em João Pessoa – PB, em 1954)
Kátia Cilene – Katia Cilene Teixeira da Silva (Nasceu no Rio de Janeiro – RJ, em 18.2.1977)
Larry – Larry Pinto de Faria (Nasceu em Nova Friburgo – RJ, em 03.11.1932)

Antoninho – Antônio Carlos da Silva (Nasceu no Rio de Janeiro – RJ, em 13.6.1978)

Athirson – Athirson Mazzoli de Oliveira (Nasceu no Rio de Janeiro – RJ, em 16.1.1977)

Baiano – Dermival de Almeida Lima (Nasceu em Capim Grosso – BA, em 29.6.1978)

Batista – João Batista da Silva (Nasceu em Canoas – RS, em 08.3.1955)

Benê – Benedito Carlos de Souza (Nasceu em São Paulo – SP, em 25.5.1946)

Carlos Alberto – Carlos Alberto Martins Carvalheiro

Carlos – Carlos Eduardo Roberto Gallo (Nasceu em Vinhedo – SP, em 04.3.1956)

Chico Fraga – Francisco Fraga da Silva (Nasceu em Porto Alegre – RS)

Cidinha – Maria Aparecida de Souza Dias (Nasceu em Campo Grande – MS, em 6.10.1976)

Cláudio Coutinho – Cláudio Pecego de Moraes Coutinho (técnico) (Nasceu em Don Pedrito – RS, em 1939. Faleceu no Rio de Janeiro – RJ, em 27.11.1981)

Didi – Diedja M. Roque Barreto

Edinho – Edino Nazareth Filho (Nasceu no Rio de Janeiro – RJ, em 05.6.1955)

Edison – Edison Campos Martins

Edu – Luis Eduardo Schmidt (Nasceu em Jaú – SP, em 10.1.1979)

Edval – Edval Therezino da Costa

Elane – Elane dos Santos Rêgo

Erivelto – Erivelto Martins

Eudes – Eudes Lacerda Medeiros

Evaristo de Macedo – Evaristo de Macedo Filho (Nasceu no Rio de Janeiro – RJ, em 22.6.1933)

Fabiano – Fabiano Pereira da Costa (Nasceu em Marília – SP, em 06.4.1978)

Fábio Aurélio – Fábio Aurélio Rodrigues (Nasceu em São Carlos – SP, em 24.9.1979)

Lucas – Lucas Severino (Nasceu em Ribeirão Preto – SP, em 03.1.1979)

Lúcio – Lucimar da Silva Ferreira (Nasceu em Brasília – DF, em 08.5.1978)

Marçal – Arisio Marçal da Cruz

Márcia – Márcia Taffarel (Nasceu no RS)

Marcos Paulo – Marcos Paulo Alves (Nasceu em Doresópolis – MG, em 11.5.1977)

Marinho – Mário José dos Santos Emiliano

Marisa – Marisa Pires Nogueira

Mauro – Mauro de Campos Júnior

Mauro – Mauro Torres Homem Rodrigues

Meg – Margarete Maria Pioresan

Michael Jackson – Mariléia dos Santos

Milton – Milton Pessanha

Mozart – Mozart Santos Batista Júnior (Nasceu em Curitiba – PR, em 08.11.1979)

Nenê – Elissandra Regina Cavalcanti (Nasceu em Porto Velho – RO, em 31.3.1976)

Newton Alves Cardoso (técnico)

Paulinho Almeida – Paulo de Almeida Santos (Nasceu em Itarantim – BA, em 1981)

Raquel – Raquel de Souza Noronha (Nasceu em Porto Alegre – RS, em 10.5.1978)

Ricardo – José Manoel Ricardo

Roger – Roger Galera Flores (Nasceu no Rio de Janeiro – RJ, em 18.8.1978)

Ronaldinho Gaúcho – Ronaldo de Assis Moreira (Nasceu em Porto Algre – RS, em 21.3.1980)

Rosemiro – Rosemiro Correia de Souza (Nasceu em Belém – PA, em 22.2.1954)

Santos – João José dos Santos

Simone Jatobá – Simone Gomes Jatobá (Nasceu em Curitiba – PR, em 02.10.1981)

Sissi – Sisleide Lima do Amor (Nasceu em Esplanada – BA, em 02.6.1967)

Susy – Susy Bittencourt de Oliveira

Suzana – Suzana Ferreira da Silva (Nasceu no Rio Grandense – RN, em 12.10.1973)

Fábio Bilica – Fábio Alves da Silva (Nasceu em Campina Grande – PB, em 04.1.1979)

Fábio Costa – Fábio Costa (Nasceu em Camaçari – BA, em 27.11.1977)

Fanta – Roselane Camargo Motta

Fernando – Luiz Fernando Treiweller (Nasceu em Novo Hamburgo – RS, em 29.3.1995)

Fonseca – João Alfredo da Fonseca ou Antonio João da (Nasceu em Tanguai – SP, em 11.4.1966)

Geovanni – Geovanni Deiberson Mauricio (Nasceu em Acaiaca – MG, em 11.1.1980)

Guerra – Marcilio Guerra

Helton – Helton da Silva Arruda (Nasceu em São Gonçalo – RJ, em 18.5.1978)

Humberto – Humberto Barbosa Tozzi (Nasceu em São João do Meriti – RJ, em 04.2.1934. Faleceu no Rio de Janeiro – RJ, em 17.4.1984)

Tecão – Roberto Franqueira (Nasceu em Bauru – SP, em 10.5.1952)

Vavá – Edvaldo Isídio Neto (Nasceu em Recife – PE, em 12.11.1934. Faleceu no Rio de Janeiro – RJ, em 19.1.2002)

Waldir – Waldir Villas Boas

Wanderlei Luxemburgo (técnico) (Nasceu no Rio de Janeiro – RJ, em 10.5.1952)

Wassil – Wassil Vieira Barbosa (Nasceu no Rio de Janeiro – RJ. Faleceu em Maceió – AL, em 1989)

Zé Carlos – José Carlos Pessanha

Zózimo – Zózimo Alves Calazans (Nasceu em Salvador – BA, em 19.6.1932). Faleceu em Campo Grande – MS, em 1984)

Ginástica – GRD

Alessandra Guidugli – Alessandra Ferezin Guidugli (Nasceu em Londrina – PR, em 7.4.1976)

Ana Maria Maciel – Ana Maria Teixeira Maciel (Nasceu em São Paulo – SP, em 18.1.1987)

Bárbara Laffranchi (técnica)

Camila Amarante – Camila Ferezin do Amarante (Nasceu em Londrina – PR, em 18.4.1977)

Dayane Camilo – Dayane Camilo da Silva (Nasceu em Londrina – PR, em 15.12.1977)

Fernanda Cavalieri – Fernanda Trotta Cavalieri (Nasceu em São Paulo – SP, em 28.8.1985)

Flávia Faria – Flávia Cristina de Faria (Nasceu em Brasília – DF, em 29.1.1972)

Jeniffer Oliveira – Jeniffer Quirino de Oliveira (Nasceu em Londrina – PR, em 16.3.1989)

Larissa Barata – Larissa Maia Barata (Nasceu em Salvador – BA, em 31.3.1987)

Natália Eidt – Natália Scherer Eidt (Nasceu em Santa Cruz do Sul – RS, em 28.10.1985)

Thalita Nakadomari – Thalita Santos Nakadomari (Nasceu em Londrina – PR, em 11.5.1985)

Thayane Mantoraneli – Thayane Coelho Mantoraneli (Nasceu em São Paulo – SP, em 14.2.1987)

Ginástica artística

Ana Paula Rodrigues – Ana Paula Rodrigues (Nasceu em Curitiba – PR, em 20.1.1988)

Camila Comin (Nasceu em São Paulo – SP, em 31.3.1983)

Caroline Molinari (Nasceu em Curitiba – PR, em 13.10.1983)

Danielle Hypolito (Nasceu em Santo André – SP, em 08.9.1984)

Daiane dos Santos – Daiane Garcia dos Santos (Nasceu em Porto Alegre – RS, em 10.2.1983)

Lais Souza – Lais da Silva Souza (Nasceu em Ribeirão Preto – SP, em 13.12.1988)

Mosiah Rodrigues – Mosiah Brentano Rodrigues (Nasceu em Porto Alegre – RS, em 03.8.1981)

Handebol

Adalberto – Adalberto Pereira da Silva (Nasceu em Teófilo Otoni – MG, em 12.5.1979)

Agberto – Agberto Correa de Matos (Nasceu em Santos – SP, em 08.4.1972)

Alberto Rigolo (técnico)

Ale – Alessandra Medeiros de Oliveira (Nasceu no Rio de Janeiro – RJ, em 07.10.1981)

Ale – Alexandre Vasconcelos Morelli (Nasceu em Maringá – PR, em 19.12.1978)

Alexandra – Alexandra Priscila do Nascimento (Nasceu em Limeira – SP, em 16.9.1981)

Alexandre Schneider – Alexandre Trevisan Schneider (técnico)

Aline (Pateta) – Aline Silva dos Santos (Nasceu no Rio de Janeiro – RJ, em 17.8.1981)

Aline Pará – Aline Waleska Rosas Lopes Rosas (Nasceu em João Pessoa – PB, em 28.6.1979)

Ana Amorim – Ana Carolina Amorim (Nasceu em Blumenau – SC, em 01.4.1983)

Baldacin – Daniel Baldacin (Nasceu em São Paulo – SP, em 06.5.1977)

Bruno Bezerra – Bruno Bezerra de Menezes Souza (Nasceu em Niterói – RJ, em 27.6.1977)

Fátima – Fátima Cristina de Araújo Loureiro (Nasceu no Rio de Janeiro – RJ, em 17.6.1969)

Guga – Gustavo Henrique Lopes da Silva (Nasceu em Recife – PE, em 28.4.1979)

Helinho – Hélio Lisboa Justino (Nasceu em Aracaju – SE, em 23.7.1972)

Ivonete – Ivonete Fagundes (auxiliar técnico)

Jair – Jair Henrique Alves Júnior (Nasceu em Maringá – PR, em 01.10.1978)

Jaqson – Jaqson Luis Kojoroski (Nasceu em Descanso – SC, em 03.1.1979)

Lucila – Lucila Vianna da Silva (Nasceu no Rio de Janeiro – RJ, em 07.3.1976)

Macarrão – Ivan Bruno Maziero (Nasceu em Joaçaba – SC, em 01.6.1969)

Marcão – Marcos Paulo dos Santos (Nasceu em Santo André – SP, em 26.5.1976)

Meg Conte – Margarida Conte (Nasceu em São Paulo – SP, em 02.9.1966)

Meg Montão – Margareth Lobo Montão (Nasceu em 19.7.1971)

Milene – Millene Bruna Lima Figueiredo (Nasceu em Guarulhos – SP, em 03.2.1983)

Bruno Santana – Bruno Felipe Claudino de Santana (Nasceu em Olinda – PE, em 27.2.1982)

Chana – Chana Franciela Masson (Nasceu em Capinzal – SC, em 18.12.1978)

Chicória – Aline da Conceição da Silva (Nasceu no Rio de Janeiro – RJ, em 25.5.1979)

Dali – Idalina Borges Mesquita (Nasceu em São Gonçalo – RJ, em 02.7.1976)

Dani – Daniela de Oliveira Piedade (Nasceu em São Paulo – SP, em 02.3.1979)

Dara – Fabiana Carvalho Carneiro (Nasceu em Guaratinguetá – SP, em 13.5.1981)

Darly – Darly Zogby de Paula Murcia (Nasceu em Ponte Nova – MG, em 25.8.1982)

Digenal A. Cerqueira (técnico)

Dilane – Dilane Azambuja Roese (Nasceu no RS, em 15.9.1977)

Fabiana – Fabiana Carvalho Diniz Kuestner (Nasceu em Blumenau – SC, em 15.4.1981)

Mineiro – Eduardo Henrique dos Reis (Nasceu em Belo Horizonte – MG, em 07.3.1970)

Rosana Baiana – Rosana Ferreira de Aleluia (Nasceu em Salvador – BA, em 02.1.1970)

San – Sandra Silva de Oliveira (Nasceu no Rio de Janeiro – RJ, em 19.9.1973)

SB (Seleção Brasileira) – José Ronaldo Nascimento (Nasceu em Aracajú – SE, em 16.3.1966)

Tupan – Renato Tupan Ruy (Nasceu em Maringá – PR, em 07.5.1979)

Val – Valéria Maria de Oliveira (Nasceu em 02.7.1974)

Vivi – Viviane Bernardo Rodrigues Jacques (Nasceu em Campo Grande – MS, em 06.10.1976)

Viviani – Viviani de Castro Emerik (Nasceu em Belo Horizonte – MG, em 09.9.1976)

Zezé – Maria José Batista de Sales (Nasceu em São Gonçalo – RJ, em 19.3.1969)

Hipismo (equitação)

Aécio Morrot Coelho

Álvaro Toledo – Álvaro Luciano Dias Toledo

Bernardo Resende – Bernardo Cardoso de Resende Alves (Nasceu em Belo Horizonte – MG, em 20.11.1974)

Carlos Eduardo Paro – Carlos Eduardo Ramadan Paro (Nasceu em Colina – SP, em 05.6.1979)

Christina Johannpeter

Eder Gustavo Pagoto – Eder Gustavo Baldin Pagoto (Nasceu em Pirassununga – SP, em 10.5.1973)

Eloy de Menezes – Eloy Massey Oliveira Menezes (Nasceu em 1910)

Lúcia Weinschek de Faria

Luciana Diniz – Luciana Diniz Kinippling (Nasceu em São Paulo – SP, em 12.10.1970)

Marcelo Blessman – Marcelo Blessman (Nasceu em Piracicaba – SP, em 14.8.1969)

Marcelo Tosi

Neco – Nelson Pessoa Filho (Nasceu no Rio de Janeiro – RJ, em 1936)

Paulo de Barros Stewart

Renyldo Ferreira – Renyldo Pedro Guimarães Ferreira (Nasceu em São Paulo – SP, em 29.6.1923)

Roberto Macedo – Roberto Carvalho de Macedo (Nasceu em Araraquara – SP, em 15.3.1980)

Guto Faria – Luis Augusto Araújo Soeiro de Faria (Nasceu em São Paulo – SP, em 11.3.1975)

João Franco Pontes

Jorge Ferreira da Rocha (Nasceu no Rio de Janeiro – RJ, em 17.9.1945)

Jorge Rodrigues Carneiro

Alfinete – José Roberto Reynoso Fernandes (Faleceu em 2002)

Serguei Fofanoff – Serguei Fofanoff (Nasceu em Ribeirão Preto – SP, em 11.12.1968)

Vicente de Araújo Neto – (Nasceu em Belo Horizonte – MG, em 01.10.1966)

Vinicius da Motta – Carlos Vinicius Gonçalves da Motta

Vitor Alves Teixeira

Hóquei sobre patins

Alan – Alan Feres Karan

Cavallaro – Antônio Carlos Cavallaro

Didi – Jurandir da Silva (Nasceu em São Paulo – SP, em 1971)

Fábio – Fábio Tadeu Nogueira Mainard

Fernando Louzada – Fernando Louzada de Jesus

Flávio – Flávio Pontes Guidi

Marcelo – Marcelo Magnus Cavallaro

Mauricio Duque – Mauricio Barbosa Duque

Roberto Caribe – Roberto de Miranda Caribe

Victor Manuel – Victor Manuel Nogueira Santos

Iatismo (vela)

Alan Adler (Nasceu no Rio de Janeiro – RJ, em 1964)

Alexandre Paradeda – Alexandre Dias Paradeda (Nasceu em Porto Alegre – RS, em 24.11.1972)

Alfredo Bercht – Alfredo Jorge Ebling Bercht (Nasceu no RS)

André Fonseca – André Otto Fonseca (Nasceu em Florianópolis – SC, em 08.8.1978)

Andréas Wergert

Axel Schmidt – Axel Frederik Preben Schmidt (Nasceu no Rio de Janeiro – RJ)

Baby

Gastão Brun – Gastão d'Ávila Melo Brun (Nasceu no Rio de Janeiro – RJ)

Glein Haynes – Glein Eric Haynes

Jan Willem Aten

João Signorini João Lysandro Signorini (Nasceu no Rio de Janeiro – RJ, em 22.7.1977)

Joerg Bruder (Nasceu em São Paulo – SP. Faleceu em Orly, França, em 1973)

Jorge Pontual

Jorge Zarif Neto (Nasceu em São Paulo – SP, em 1958. Faleceu em São Paulo – SP, em 12.3.2008)

José Augusto Dias – José Augusto Barcellos Dias

Bernardo Arndt – Bernardo Muller Carioba Arndt (Nasceu em São Paulo – SP, em 10.6.1967)

Bimba – Ricardo Winicki Santos (Nasceu no Rio de Janeiro – RJ, em 08.5.1980)

Burkhard Cordes

Carlos Rodolpho Borchers

Carlos Wanderley – Carlos Henrique Wanderley

Christopher Bergmann – Christopher Bergmann (Nasceu no Rio de Janeiro – RJ, em 05.10.1964)

Cid de Oliveira Nascimento

Cláudio Biekarck (Nasceu em São Paulo – SP, em 1952)

Clinio Freitas – Clinio M. de Freitas Neto

Eduardo de Souza Ramos

Erick Schmidt – Erick Oluf Preben Schmidt (Nasceu no Rio de Janeiro – RJ)

Francisco Isoldi – Francisco Antonio Felice Ítalo Isoldi

José Paulo Dias – José Paulo Barcellos Dias

Manfred Kaufmann – Manfred Kaufmann Júnior

Marcus Temke – Marcus Bernd Temke (Nasceu em 1962)

Mário Buckup

Patrick Mascarenhas – Patrick Motte Mascarenhas

Peter Erzberger

Peter Mangels

Roberto Luiz Martins – Roberto Luiz Martins P. Souza

Rodrigo Link – Rodrigo Link Duarte (Nasceu em Porto Alegre – RS, em 01.5.1980)

Rolf Fernando Bercht – Rolf Fernando Ebling Bercht (Nasceu no RS)

Vicente Brun – Vicente d'Ávila Melo Brun

Victorio Walter dos Reis Ferraz

Wolfgang Richter – Wolfgang Edgard Richter

Judô

Carlos Alberto Cunha – Carlos Alberto M. C. Cunha

Daniel Hernandes – Daniel Andrey Hernandes (Nasceu em São Paulo – SP, em 16.4.1979)

Edinanci Silva – Edinanci Fernandes da Silva (Nasceu em Souza – PB, em 23.8.1976)

Lhofei Shiozawa (Nasceu em São Paulo – SP, em 01.7.1941)

Luiz Shinohara – Luiz Juniti Shinohara (Nasceu em São Paulo – SP, em 29.8.1954)

Mônica Angelucci (Nasceu em São Paulo – SP, em 15.10.1968)

Priscila Marques – Priscila de Almeida Marques (Nasceu em Santos – SP, em 17.5.1978)

Sebastian Pereira – Sebastian Rafael Dias Pereira (Nasceu em Nova Iguaçu – RJ, em 17.7.1976)

Sérgio Sano

Vânia Ishii – Vânia Yukie Ishii (Nasceu em São Paulo – SP, em 19.8.1973)

Levantamento de peso (halterofilismo)

Maria Elizabete Jorge (Nasceu em Viçosa – MG, em 20.4.1957)

Natação

Alexandre Massura Neto – (Nasceu em São Bernardo do Campo – SP, em 19.6.1975)

André Cordeiro – André Henrique de Oliveira Cordeiro

Aran Boghossian

Benevenuto Nunes – Benevenuto Martins Nunes

Christiano Michelena – Christiano Rosito Michelena

Cláudio Kestener – Cláudio Mamede Kestener

Eleonora Schmidtt – Eleonora Margarida J. Schmidtt

Emmanuel Nascimento – Emmanuel Fortes Nascimento

Flávia Delarolli – Flávia Renata Delarolli Cazziolato (Nasceu em Ipatinga – MG, em 28.12.1983)

Gabriel Mangabeira – Gabriel Samain Vasconcelos Mangabeira (Nasceu em Niterói – RJ, em 31.1.1982)

Isaac Soares – Isaac dos Santos Soares

Joanna Maranhão – Joanna de Albuquerque Maranhão Bezerra de Melo (Nasceu em Recife – PE, em 28.4.1987)

José Aranha – José Roberto Diniz Aranha

José Carlos Souza Júnior – José Carlos Ferreira Souza Júnior

Júlio Rebollal Lopes

Manoel Silva – Manoel Lourenço Silva

Manoel Villar – Manoel Rocha Villar

Maria L. Costa – Maria Angélica Leão da Costa

Maria Lenk – Maria Emma Hulda Lenk Zigler (Nasceu em São Paulo – SP, em 1915. Faleceu no Rio de Janeiro – RJ, em 16.4.2007)

Mariana Brochado – Mariana Nery Brochado (Nasceu no Rio de Janeiro – RJ, em 18.12.1984)

Monique Ferreira – Monique Andrade Ferreira (Nasceu no Rio de Janeiro – RJ, em 29.6.1980)

Paula Baracho – Paula Baracho Rosas Ribeiro (Nasceu em Recife – PE, em 31.7.1981)

Paulo Fonseca

Paulo – Paulo Zanetti

Paulo – Paulo Becksehazy

Piedade Coutinho – Piedade Coutinho Azevedo Silva Tavares

Rogério Romero – Rogério Aoki Romero (Nasceu em Londrina – PR, em 22.11.1969)

Rolf Kestener – Rolf Egon Kestener (Nasceu em São Paulo – SP, em 08.7.1930)

Rômulo Arantes – Rômulo Duncan Arantes Júnior (Nasceu no Rio de Janeiro – RJ, em 12.6.1957. Faleceu em Maripá de Minas – MG, em 10.6.2000)

Ronald Menezes – Ronald Couce de Menezes

Ruy – Ruy Tadeu Aquino de Oliveira (Nasceu em Campinas – SP)

Sérgio Ribeiro – Sérgio Pinto Ribeiro (Nasceu no RS)

Sérgio Rodrigues – Sérgio Geraldo Rodrigues

Sergio Waismann

Sylvio Fiolo – José Sylvio Fiolo (Nasceu em Campinas – SP, em 02.3.1950)

Talita Rodrigues – Talita de Alencar Rodrigues

Teófilo Ferreira – Teófilo Laborne Ferreira

Thiago Pereira – Thiago Machado Vilela Pereira (Nasceu em Volta Redonda – RJ, em 26.1.1986)

Willy Jordan – Willy Otto Jordan (Nasceu em São Paulo – SP)

Pentatlo moderno

Aloysio Alves Borges Eduardo Leal Medeiros	Eric Tinoco Marques

Pólo aquático

Abrahão Saliture (Nasceu no Rio de Janeiro – RJ) Adhemar – Adhemar Ferreira Serpa Angelu – Angelo Gammaro Carlos – Carlos Eulálio Lopes Chocolate – Victorino Ramos Fernandes Dudu – Alcides de Barros Paiva	Edgard – Edgard Leite Ribeiro João Jório Mangangá – Agostinho de Sá Orlando – Orlando Amendola Pedro – Pedro Santos Roberto Trompowsky (técnico)

Pugilismo

Alessandro Mattos (Nasceu em Salvador – BA, em 26.9.1980) Chiquinho de Jesus – Francisco Carlos de Jesus Eder Jofre – (Nasceu em São Paulo – SP, em 26.3.1936) Edvaldo Oliveira – Edvaldo Gonzaga de Oliveira (Nasceu em Salvador – BA, em 26.6.1982) Fernando Martins – Fernando José Martins	João Henrique da Silva – João Henrique da Silva Lúcio Grotone Paulinho de Jesus – Paulo de Jesus Cavalheiro Ralf Zumbano – Ralf Benedito Zumbano (Nasceu em São Paulo – SP, em 14.5.1925. Faleceu em São Paulo – SP, em 08.11.2001) Sidnei Dal Rovere

Remo

Adamor Pinho Gonçalves Américo Garcia Fernandes André Berezin Angelu – Ângelo Gammaro Ângelo Rosso – Ângelo Rosso Neto Atalíbio Mangioni Bricio – Francisco Carlos Bricio	Guilherme Lorena Harry Edmundo Klein (Nasceu no RS) Henrique Johann – Henrique Gustavo Johann (Nasceu no RS) Henrique Tomasini João Francisco de Castro João Jório

Carlos Castello Branco (Nasceu no Rio de Janeiro – RJ)
Denis Marinho – Denis Antônio Marinho
Durval Bellini Ferreira Lima
Edgard Gijsen – (Nasceu no RS)
Edmundo Castello Branco – (Nasceu no Rio de Janeiro – RJ)
Ernesto Flores Filho
Estevam Strata – Estevam (Stefano) Egisto João Strata

Laildo Machado – Laildo Ribeiro Machado
Luiz Alfredo – Luiz Alfredo Santos
Manoel Therezo Novo (patrão)
Nilton Alonço (Gauchinho) – Nilton Silva Alonço
Olivério Kosta Popovitch
Orlando Amendola
Osório Antônio Pereira
Ramalho – José Ramalho
Ricardo Carvalho – Ricardo Esteves de Carvalho (Nasceu no Rio de Janeiro – RJ, em 1961)
Ronaldo Carvalho – Ronaldo Esteves de Carvalho (Nasceu no Rio de Janeiro – RJ, em 1959)
Walter Hime Soares – Walter Luis Hime Pinheiro Soares
Wandir Kuntze

Saltos ornamentais

Adolpho Wellish (Nasceu em São Paulo – SP)
César Castro – César Castro Cesar Augusto Aquino de Castro (Nasceu em Brasília – DF, em 02.9.1982)

Milton Busin (Nasceu em São Paulo – SP, em 11.9.1927. Faleceu em 1994)

Taekowdo

Diogo Silva – Diogo André Silvestre da Silva (Nasceu em São Sebastião – SP, em 07.3.1982)

Natália Falavigna – Natália Falavigna Silva (Nasceu em Maringá – PR, em 09.5.1984)

Tênis

Fernando Meligeni (Fininho) – Fernando Ariel Meligeni (Nasceu em Buenos Aires, em 1971, naturalizado brasileiro em 1993)

Tiro

Bertino Alves de Souza
Débora Srour
Delival Nobre – Delival Fonseca Nobre
Demerval – Demerval Peixoto
Durval Guimarães – Durval Ferreira Guimarães (Nasceu em São Paulo – SP, em 14.7.1935)

José Salvador Trindade – José Salvador Trindade de Melo
Marcos Olsen – Marcos José Olsen
Mauro Maurity – Mauro Machado Maurity
Severino Moreira
Silvio Carvalho de Aguiar e Souza

Vôlei

Abeid – Alexandre Abeid
Aderval – Aderval Luis Arvani
Ana Cláudia – Ana Cláudia Silva Ramos
Ana Lúcia – Ana Lúcia Camargo Barros
Ana Richa – Ana Maria Richa
Arlene – Arlene de Queiroz Xavier (Nasceu em Contagem – MG, em 20.12.1969)
Bia – Ana Beatriz Francisco das Chagas (Nasceu no Rio de Janeiro – RJ, em 18.10.1971)
Carlos Nuzman – Carlos Arthur Nuzman (Nasceu no Rio de Janeiro – RJ, em 1942)
Carlos Eduardo – Carlos Eduardo Schwanke
Carlos Souto – Carlos Reinaldo Pereira Souto (técnico)
Cássio – Cássio Leandro das Neves Pereira
Celso – Celso Alexandre Kalache
Cilene – Cilene Falleiro Rocha
Décio – Décio Cattaruzzi
Delano – Delano Couto Jorge Franco
Denise – Denise Porto Mattioli (Nasceu em 02.9.1967)
Deraldo – Deraldo Peixoto Wanderley
Dora – Maria Auxiliadora Villar Trade
Eliana – Eliana Maria Nagib Aleixo
Eliani – Eliani Maria da Costa

Kerly – Kerly Cristiane P. Santos (Nasceu em 09.8.1970)
Kid – Gilmar N. Teixeira (Nasceu em Porto Alegre – RS, em 30.10.1970)
Lenice – Lenice Peluso Oliveira
Léo – Leonídio Pasquali de Prá Filho
Luiza – Luiza Pinheiro Machado
Marcelinho – Marcelo Elgarten (Nasceu no Rio de Janeiro – RJ, em 09.11.1974)
Marcelino – José Osvaldo da Fonseca Marcelino
Marco Antônio – Marco Antônio Volpi (Nasceu no RS)
Mari – Marianne Steinbrechen (Nasceu em São Paulo – SP, em 23.8.1983)
Maria – Maria Villar Castanheira
Mário – Mário Stiebler Dunlop
Max – Max Jefferson Pereira (Nasceu em Bauru – SP, em 27.1.1970)
Mônica – Mônica Caetano Silva
Moreno – Antonio Carlos Moreno (Nasceu em Santo André – SP, em 1948)
Newton Emanuel de Victor
Paula – Paula Hernandez Rodrigues de Mello
Paulo – Paulo Fernando Santos Roese

Eloy – Eloy Lacerda de Oliveira Netto

Enio Figueiredo Silva (técnico)

Eymard – Luiz Eymard Zech Coelho

Fabiana – Fabiana Marcelino Claudino (Nasceu em Belo Horizonte – MG, em 24.1.1985)

Feitosa – Carlos Eduardo Albano Feitosa (Nasceu no Rio de Janeiro – RJ. Faleceu em Belo Horizonte MG, 28.7.2007)

Fernanda – Fernanda Emerick da Silva (Nasceu em 24.10.1970)

Gerson – Gerson Albino Schuch (Nasceu no RS)

Gilson – Gilson Alves Bernardo

Giuseppe Mezzasalma

Hamilton Leão de Oliveira

Hélio Silveira de Morais Pinto (técnico)

Hélio – Hélio de Oliveira

Heloisa – Heloisa Helena Roese (Nasceu no RS)

Isabel – Maria Isabel Barroso Salgado Alencar (Nasceu em 1960)

Ivonette – Ivonette das Neves

Jens – João Ernesto Jens

João Cláudio França

João – João Alves Granjeiro Neto (Nasceu no Rio de Janeiro – RJ)

Jorge Barros Araújo – Jorge Barros Araújo (técnico)

Jorge – Jorge Américo Oliveira Souza

José Maria Schwart da Costa

José Maria – José Maria Schwartys da Costa

Josenildo de Carvalho (técnico)

Josias de Oliveira Ramalho – Josias de Oliveira Ramalho

Paulo Roberto – Paulo Roberto Peterle

Paulo Russo – Paulo Russo (técnico e jogador)

Paulo da Matta – Paulo Emmanuel de Hora Matta (técnico) (Nasceu em Salvador – BA)

Pedro Barbosa Andrade de Oliveira

Pinha – Fábio Paranhos Marcelino

Procópio – Mário Marcos Jubert Procópio

Regina – Regina Villela dos Santos

Regina Uchoa – Regina Pereira Uchoa

Rita – Rita de Cássia Teixeira (Nasceu em Santa Rita do Passa Quatro – SP)

Samy Mehlinski (técnico)

Sandra – Sandra Maria Farrapeira Lima

Sassá – Welissa Gonzaga (Nasceu em Barbacena – MG, em 09.9.1982)

Sérgio – Sergio Danilas

Ségio Telles – Sérgio Telles Pires Pinheiro

Simone – Simone Storm (Nasceu na BA, em 01.3.1969)

Suíço – Jean Luc Rosat

Tina – Cristina Pacheco Lopes

Valderbi Romano (técnico)

Waleskinha – Waleska dos Santos Menezes (Nasceu em Niterói – RJ, em 23.4.1976)

Vera Mossa – Vera Helena Bonetti Mossa (Nasceu em 1964)

Victor – Victor Mário Barcellos Borges

Victor Mário Barcellos Borges

Viotti – Décio Viotti de Azevedo

Wagner – Wagner Antônio da Rocha

Vôlei de praia

Ana Paula – Ana Paula Rodrigues Connelly (Nasceu em Lavras – MG, em 13.2.1972)
Benjamin – Benjamin Insfran (Nasceu em Porto Murtinho – MS, em 14.4.1972)

Loiola – José Geraldo Loiola Júnior (Nasceu em Vitória – ES, em 26.3.1970)
Márcio – Márcio Henrique Barroso (Nasceu em Fortaleza – CE, em 12.10.1973)

29
Não classificados, mas recordistas

Às vezes, a diferença entre o nível técnico internacional e o da América do Sul é tão grande que chega a gerar situações incomuns. Atletas que não constam da lista dos dez melhores colocados, embora não classificados nas disputas eliminatórias, conseguem bater recordes brasileiros e sul-americanos.

É inegável a auto-superação desses competidores que não desiludiram quanto às expectativas de sua atuação. Este fato não foi raro, pois ocorreu 19 vezes nos Jogos Olímpicos, especialmente nas modalidades de atletismo e natação.

O pequeno vocabulário que se segue faz justiça aos seus autores.

Recordistas: quem é quem

Haroldo Silva
(Londres, Inglaterra, 1948) 2º lugar na 5ª eliminatória; foi até o segundo turno da fase do Atletismo, corrida 100 m rasos, > 10s4 (Recorde Brasileiro)

Haroldo Silva
(Londres, Inglaterra, 1948) 3º lugar na 9ª série eliminatória; foi à semifinal do Atletismo, corrida 200 m rasos, > 21s3 (Recorde Brasileiro)

Wanda dos Santos
(Helsinque, Finlândia, 1952) 2º lugar na 6ª série no Atletismo, corrida 80 m com barreiras, 11s3 (Recorde Sul-Americano)

Deyse Jurdelina de Castro
(Helsinque, Finlândia, 1952) 3º lugar na 2ª série da fase preliminar no Atletismo, corrida 200 m rasos, 25 s (Recode Sul-Americano)

Aída dos Santos
(México, México, 1968) 20º lugar no Atletismo, pentatlo, feminino, < 4.848 pontos (Recorde Sul-Americano)

Jorge Fernandes
(Moscou, URSS, 1980) Na 1ª série eliminatória da Natação, 100 m, livre, masculino, 52s51 (Recorde Sul-Americano)

Magnólia Figueiredo
(Seul, Coréia do Sul, 1988) Na 1ª série eliminatória no Atletismo, corrida 400 m, feminino, 51s47 (Recorde Sul-Americano)

Eronildes Nunes de Araújo
(Barcelona, Espanha, 1992) Na semifinal, após 1ª série eliminatória no Atletismo, corrida 400 m com barreiras, masculino, 49s1 (Recorde Sul-Americano)

Clodoaldo Lopes do Carmo
(Barcelona, Espanha, 1992) 11º lugar no Atletismo, corrida 3.000 m *steeplechase*, masculino, 8min20s46 (Recorde Sul-Americano)

Rogério Romero
(Barcelona, Espanha, 1992) 21º lugar na Natação, 100 m, costas, masculino, 57min28s (Recorde Sul-Americano)

José Carlos Souza Júnior
(Barcelona, Espanha, 1992) 12º lugar na Natação, 100 m, borboleta, masculino, 54s78 (Recorde Brasileiro)

Joanna Maranhão
(Atenas, Grécia, 2004) 11º lugar e na semifinal da Natação, 200 m, *medley*, feminino, 2min15s43 (Recorde Sul-Americano)

Eduardo Fischer
(Atenas, Grécia, 2004) Na eliminatória da Natação, 100 m, peito, masculino, 1min1s84 (Recorde Sul-Americano)

Gabriel Mangabeir
(Atenas, Grécia, 2004) Na semifinal, Natação, 100 m, borboleta, masculino, 52s33 (Recorde Sul-Americano)

Patricia Amorim
(Seul, Coréia do Sul, 1988) Na 1ª série eliminatória da Natação, 400 m, livre, feminino, 4min19s64 (Recorde Sul-Americano)

Patricia Amorim
(Seul, Coréia do Sul, 1988) Na 1ª série eliminatória da Natação, 800 m, livre, feminino, 8min45s95 (Recorde Sul-Americano)

Adriana Pereira, Isabelle Vieira, Mônica Rezende e Patrícia Amorim
(Seul, Coréia do Sul, 1988) 11º lugar na Natação, revezamento 4 x 100 m, feminino, 3min56s26 (Recorde Sul-Americano)

Rebeca Gusmão, Tatiana Lemos, Renata Burgos e Flávia Delaroli
(Atenas, Grécia, 2004) Na eliminatória da Natação, 4 x 100 m, livre, feminino, 3min45s38 (Recorde Sul-Americano)

Rodrigo Castro, Bruno Bonfim, Carlos Jayme e Rafael Mosca
(Atenas, Grécia, 2004) Na eliminatória da Natação, masculino, 4 x 200 m, livre, 7min22s70 (Recorde Sul-Americano)

30
O Brasil no mundo: 39º lugar

Vistos os números de toda a nossa história olímpica e as *performances* individuais e coletivas dos atletas nacionais, para concluir, só nos falta uma análise comparativa da atuação do nosso país com o resto do mundo.

O Quadro 6 apresenta o desempenho nos Jogos Olímpicos das melhores nações do universo do esporte. Os Estados Unidos ocupam a liderança. Eles disparam na frente da União Soviética, a partir de 1992, pelo desmembramento das Repúblicas que a compunham, quando deixou de acumular medalhas.

Esta lista serve para demonstrar que a 39ª colocação entre 217 países não é o lugar natural do nosso esporte. Para que estivéssemos em uma posição tão modesta, influiu muito o que poderíamos chamar de *atraso histórico*. Nos primeiros Jogos de que participamos, praticamente o nosso resultado foi nulo e, mesmo após os Jogos Olímpicos de Londres, os pódios obtidos continuaram em desacordo com o que se esperava de nosso país.

Mais uma vez repetimos que, se considerarmos a potencialidade da economia do Brasil, maior produtor mundial de vários insumos básicos, com índices próximos aos do primeiro mundo, se ponderarmos, ainda, que a população nacional aproxima-se de 200 milhões de habitantes e que a infra-estrutura de grandes estádios nos leva até a pleitear a sede dos Jogos Olímpicos, a nossa posição nesta tabela é decepcionante.

Quadro 6 – Comparativo de medalhas (países com mais pódios e o Brasil)

País	Número de medalhas			TOTAL
	Ouro	Prata	Bronze	
Estados Unidos	900	695	609	**2.204**
URSS (1952 – 1988)	395	319	296	**1010**
França	184	193	214	**591**
Itália	182	148	165	**495**
Inglaterra	181	231	232	**644**
Alemanha*	175	200	206	**581**
Hungria	156	136	158	**450**
Alemanha Or. (1968 – 1988)	154	130	132	**416**
Suécia	138	152	172	**462**
Japão	113	106	114	**333**
China	112	96	78	**286**
Rússia	86	80	95	**261**
Cuba	66	54	52	**172**
Alemanha Oc. (1952 – 1988)	55	74	98	**227**
Brasil	**17**	**21**	**38**	**76**
TOTAL	**2.914**	**2.635**	**2.659**	**8.208**

* 1896 – 1936 e a partir de 1992 – Alemanha. Em 1956, 1960 e 1964 – Delegação da Alemanha Unificada (Ocidental e Oriental).

A extinção da União das Repúblicas Socialistas Soviéticas e a conseqüente independência dos vários países que a formavam fez que os russos tivessem diminuído o número de pódios e medalhas. Porém, ainda assim, a Rússia continua a ter expressiva presença no cenário olímpico.

A Alemanha, por falta de recursos e por imposição dos períodos pós-primeira e segunda grandes guerras mundiais, não participou dos Jogos de 1920, 1924 e 1948. Em 1952 o país voltou, mas dividido em Alemanha Ocidental e Oriental, participando com uma delegação representativa somente da Alemanha Ocidental. Entretanto, já em 1956, 1960 e 1964, as delegações da Alemanha Ocidental e Oriental compareceram unificadas, representando efetivamente um único país, a Alemanha. Esse fato merece destaque, pois apenas em 1989, após a queda do muro de Berlim, essa unificação, que havia sido proporcionada por breve período por meio do esporte, seria definitivamente oficializada.

Outra observação ao se interpretar os dados demonstrados no Quadro 6 é que o Brasil, mais que os países com tradição olímpica, esteve ausente em seis edições dos Jogos Olímpicos, a saber: Atenas, 1896; Paris, 1900; Saint Louis, 1904; Londres, 1908; Estocolmo, 1912; e Amsterdã, 1928.

Nossa colocação na história olímpica não é motivo de orgulho para o esporte brasileiro. Precisa ser feito um plano de grande abrangência para reverter estes números. Somente atuações muito brilhantes nos Jogos pós-Atenas poderão alterar os quadros apresentados. Nosso país, nos Jogos Pan-Americanos de 2007, realizados no Rio de Janeiro, deu um grande salto de eficiência, mas naquele evento estavam presentes apenas os países da América. Nos próximos Jogos Olímpicos, a partir de Pequim, o nível técnico deverá ser outro. A conquista de números mais condizentes com o estágio do esporte do nosso país será lenta e gradual.

31
A presença feminina

Na Antiguidade Grega, as mulheres não competiam nos Jogos, nem podiam assisti-los. As que infringissem essa norma eram condenadas à morte sem julgamento. A pena era ser lançada do alto de um rochedo.

Nos tempos modernos, as mulheres já podiam, sem nenhum óbice, presenciar os Jogos, e, em 1912, nos Jogos de Estocolmo, foram admitidas como atletas concorrentes.

No Brasil, a presença da mulher começou com Maria Lenk, que fez parte da delegação brasileira que foi a Los Angeles, em 1932.

O quadro aqui elaborado nos dá uma visão da evolução da presença histórica da mulher no Olimpismo e apresenta uma indubitável correlação com o próprio desenvolvimento do desporto feminino do país. A partir de uma porcentagem de participação inferior a 3% em Melbourne (1956), Roma (1960) e Tóquio (1964), atinge 49% em Atenas (2004), quando dos 246 integrantes da equipe brasileira, 124 eram homens e 122 mulheres, isto é, 49,5% do total da equipe.

Sem dúvida, a mulher está conquistando em todas as áreas da atividade humana a independência pleiteada, e este número é mais um índice para demonstrar que elas chegaram à desejada igualdade.

O Brasil ainda não havia completado sua delegação para os Jogos Olímpicos de 2008, em Pequim, quando este livro estava sendo impresso, mas não causará surpresa se, acompanhando a seqüência histórica, as mulheres ultrapassarem os homens entre os defensores de nosso país na capital da China.

O estudo da presença feminina nas 19 delegações do nosso país participantes dos Jogos Olímpicos, mais do que números, revela informes sobre a própria posição da mulher na sociedade brasileira.

41. Mary Dalva Proença, a única participante da delegação brasileira nos Jogos de Meulbourne.

Quadro 7 – Presença feminina nos Jogos Olímpicos

Ano	Local	Total da Delegação Brasileira	Número de Homens	Número de Mulheres
1920	Antuérpia	21	21	–
1924	Paris	12	12	–
1932[a]	Los Angeles	67	66	1
1936	Berlim	94	88	6
1948[b]	Londres	81	70	11
1952	Helsinque	108	103	5
1956[c]	Melbourne	48	47	1
1960[d]	Roma	81	80	1
1964[e]	Tóquio	69	68	1
1968	México	84	81	3
1972	Munique	89	85	5
1976	Montreal	93	86	7
1980	Moscou	109	94	15
1984	Los Angeles	151	129	22
1988	Seul	170	135	35
1992	Bercelona	197	146	51
1996	Atlanta	225	159	66
2000	Sidney	205	111	94
2004	Atenas	246	124	122

[a] A única mulher participante foi Maria Lenk.
[b] Natação brasileira em alta.
[c] A única mulher participante foi Mary Dalva Proença.
[d] A única mulher participante foi Wanda dos Santos.
[e] A única mulher participante foi Aída dos Santos.

Parte 4

Conclusões: perspectivas futuras

32
Recursos para o esporte

Para que o desempenho do Brasil venha a melhorar nos Jogos Olímpicos do futuro, há uma série de ações que podem ser implementadas a curto, médio e longo prazos. Uma delas é a boa gestão dos recursos existentes para essa finalidade.

Nos primeiros Jogos, quando a nossa cultura nacional não dava ao esporte o devido mérito, os dirigentes lutavam estoicamente para obter meios e, assim, comparecer às Olimpíadas. Exemplo disso foi a coleta que se fez para levar uma delegação de menos de vinte pessoas aos Jogos de Paris, em 1924. Em outra ocasião, o então presidente do Comitê Olímpico Brasileiro foi, como pessoa física, avalista de um título bancário de um empréstimo para que o Brasil pudesse participar dos Jogos Olímpicos de Melbourne.

Na última década do século passado, com o destaque que o Olimpismo assumiu graças à ação dos meios de comunicação, essa situação começou a mudar, e já nos Jogos de Sidney (em 2000), a delegação do Brasil contou com 23 milhões de reais que foram somados a outros recursos resultantes do apoio de 11 entidades da iniciativa privada.

Com o advento da lei 10.264 de 16.7.2001, sancionada pelo presidente Fernando Henrique Cardoso, conhecida como Lei Agnelo/Piva, grande parte dos recursos destinados ao esporte brasileiro (provenientes de 2% da arrecadação bruta de todas as loterias federais) foi endereçada ao Comitê Olímpico Brasileiro. Essa lei representou o maior número de recursos já destinados ao desenvolvimento do esporte olímpico do Brasil. Foram 48 milhões de reais para ações administrativas e logísticas, influindo no desempenho do nosso país no futuro. Assim, não será por escassez de recursos que as medalhas olímpicas deixarão de ser conquistadas.

Em fevereiro de 2003, segundo o jornal *Folha de São Paulo*, de 31 de agosto de 2004, o COB distribuiu os recursos, contemplando as Confederações das diferentes modalidades da seguinte forma:

Atletismo – R$ 2,832 milhões	*Iatismo* (vela) – R$ 2,832 milhões
Basquete – R$ 2,832 milhões	*Judô* – R$ 2,124 milhões
Boxe – R$ 1,416 milhão	*Natação* – R$ 2,832 milhões
Canoagem – R$ 1,416 milhão	*Remo* – R$ 2,124 milhões
Ciclismo – R$ 1,442 milhão	Taekowdo – R$ 0,708 milhão
Esgrima – R$ 1,092 milhão	*Tênis* – R$ 1,416 milhão
Ginástica artística – R$ 2,127 milhões	*Tênis de mesa* – R$ 1,416 milhões
Ginástica rítmica – R$ 2,127 milhões	*Triatlo* – R$ 1,479 milhão
Handebol – R$ 2,246 milhões	*Vôlei* – R$ 2,892 milhões
Hipismo – R$ 2,124 milhões	*Vôlei de praia* – R$ 2,892 milhões

Dessa maneira, a primeira medida a se tomar para garantir e aumentar nosso número de medalhas nos futuros Jogos Olímpicos será a otimização no aproveitamento dos recursos públicos e dos provenientes da iniciativa privada, por intermédio de gestões competentes e idôneas. É fundamental não deixar dissipar o que foi arrecadado por má administração ou até inidoneidade.

Neste particular, é muito importante a atividade fiscalizadora dos órgãos públicos especializados nesta matéria e a ação dos meios de comunicação, na sua atividade saneadora e defensora da cidadania.

Somos da opinião de que o dinheiro público deva ser investido em iniciativas voltadas para a base do esporte, como o esporte colegial, com investimento em centros comunitários (como veremos no próximo capítulo) e em instalações esportivas.

A remuneração de atletas de alto nível deve ser feita com recursos provenientes da iniciativa privada. Esta, por intermédio de patrocínios, recebe um retorno pela publicidade, pela imagem da marca. Dinheiro público não deve se transformar em salário de atleta.

33
A base da pirâmide

A principal iniciativa para que o Brasil venha a ocupar o seu *lugar natural,* isto é, colocar-se entre as dez maiores potências esportivas do mundo, além de um intercâmbio cultural e um aprimoramento técnico de seus treinadores, médicos e pesquisadores, é realizar um grande trabalho no alicerce do esporte.

São necessárias implementações que fortaleçam de várias maneiras nossa base esportiva, em uma ampla prospecção de talentos que forneçam valores potenciais para o esporte de alto rendimento. Neste particular, a realização de um trabalho nas escolas e em centros comunitários é de extraordinária importância. Devem ser desenvolvidos eventos, ainda neste estágio de iniciação esportiva, que, pelo seu conjunto, correspondam a um verdadeiro *arrastão*, de modo que não fique desaproveitada nenhuma potencialidade esportiva da juventude nacional. É uma idéia visionária, mas pode ser realizada aos poucos, inserindo, de maneira decisiva, o esporte entre os valores da mocidade do país. É dar a oportunidade para a juventude pisar em um primeiro degrau, com a certeza de que muitos terão condições de subir a escada que os levará ao êxito nas praças de esportes.

O resultado desse trabalho, entretanto, não proporcionará benefícios apenas do ângulo da eficiência esportiva de nossa nação. O retorno social do esforço expendido será imenso. Os que não subirem os degraus da eficiência técnica beneficiar-se-ão do esporte como instrumento de saúde, sociabilidade e lazer. Essa opção pela atividade esportiva pode prover ao esporte muitos dirigentes, árbitros e, no mínimo, expectadores. Essa atividade esportiva, tendo como metas o alto rendimento ou a recreação, afastará seus praticantes de outros caminhos muito preocupantes nos dias de hoje, como os da droga e da criminalidade. Até na área da saúde haverá vantagens, o sedentarismo diminuirá e o índice de obesidade juvenil e nas demais faixas etárias poderá ser reduzido, ampliando o ciclo da vida humana.

Enfim, para que o Brasil seja mais considerado no mundo do Olimpismo, ele necessita alargar as bases quantitativas de seus praticantes e se conscientizar de que a altura do vértice técnico depende da largura de sua base.

Muitas vezes, naquela despretensiosa competição entre as equipes de duas turmas de uma escola pública, está a semente, o embrião de uma carreira que pode terminar, anos depois, com um atleta no alto do pódio, com direito à execução do nosso hino nacional e o hasteamento de nossa bandeira, tudo isso diante de um público eclético, empolgado por uma mística que nasceu na Grécia.

O Olimpismo é lindo!

34
Últimas palavras

Já que esta obra iniciou com o tópico *Primeiras palavras*, é justo que termine com o capítulo das *Últimas palavras*.

Nesta visão final, a primeira conclusão que se depreende é que os números deste livro estão refletindo o momento presente do esporte brasileiro. Estamos, porém, vivendo uma situação dinâmica, em perpétuo fluir. Cada disputa dos Jogos Olímpicos e mesmo o advento de fatos relevantes do dia-a-dia alteram números, modificam avaliações.

É fundamental a incorporação destes novos informes se quisermos como ter uma tomografia atualizada, cuja interpretação permita um diagnóstico do esporte brasileiro.

Ainda bem que a modernidade está incorporando à edição estática, mas documental, do livro de papel o livro eletrônico, que se serve da informática para atualizar os informes da publicação impressa e que segue a tradição de enriquecer o conceituado acervo das bibliotecas.

Dessa maneira, dias após os Jogos Olímpicos de Pequim, o leitor encontrará no site www.institutophorte.com.br/livros a continuação dos dados do livro com os resultados dos atletas brasileiros, incluindo, assim, novos números e nomes, renovando as tabelas que poderão transformar-se em um instrumento de apoio a estudantes de Educação Física, aos meios de comunicação e a todos os interessados neste tema do universo do esporte.

Bibliografia indicada

Alzugaray, D. Mil maiores desportistas do século XX. **Revista Isto é/The Sunday Times**. 3. ed., [S.d]. p. 250.

Belenzani, W. **Os atletas campineiros que foram olímpicos**. Campinas: R. Vieira Gráfica & Editora Ltda., 2001. p. 172.

Brasil. **Brasil de todas as copas**. [S.l]: Sport Três, [S.d]. p. 90.

Capez, F.; Rocha, A. A. La Violenza nel Cálcio. Fair Play Sponsor Doping. In: **Sport, Etiche, Culture**, Ed. Panathlon International, v. 3, p. 85-101, 2003/04.

Chipoco, L. G. Historia del atletismo sudamericano. **Confederación Sudamericana Del Atletismo**, Lima, 1983. p. 493.

Corassim, M. L. Olimpíadas (Entrevista à jornalista Juliana Resende/BR Press). **Calendário Cultura e Extensão**, Universidade de São Paulo, p. 8-9, set. 2000.

Costa, A. Almanaque do São Paulo. **Placar**, São Paulo: Abril, [S.d]. p. 481.

Daiuto, M. B. Olimpíadas: dia olímpico. **ACM – Departamento Cultural**, jun. 1990. p. 21.

Flamengo. **Flamengo**: um século de paixão. Rio de Janeiro: Francisco Alves Editora, [S.d]. p. 121.

GODOY, L. Jogos Olímpicos da Grécia. **O mais belo capítulo esportivo da Antiguidade.** Atlântica/Boa Vista – Bradesco, 1983. p. 32.

_____. **Os Jogos Olímpicos na Grécia Antiga.** Santos: Nova Alexandria/UNIMES, 1996. p. 129.

HOFFMANN, G.; WENGER, P. **No tempo dos primeiros Jogos Olímpicos.** São Paulo: Scipione, 1988. p. 46.

LANCELLOTTI, S. Olimpíada: 100 anos. In: **História completa dos jogos.** São Paulo: Nova Cultural/Círculo do Livro, 1996. p. 673.

LAZZARI, F. Copa São Paulo. In: **A vitrine do futebol brasileiro.** São Paulo: Art. Poze, 2005. p. 259.

LICHT, H. **O remo através dos tempos.** Porto Alegre: Governo do Rio Grande do Sul, 1986. p. 238.

MANCHETE. Campeonato Mundial de Futebol. **Suplemento da Revista Manchete,** n. 1.360, p. 34, 13 mai. 1978.

NAKAMURA, O. F. **Natação nas Olimpíadas.** História e resultados de 1896 a 2000. Campinas: Emopi, 2001. p. 165.

NAPOLEÃO, A. C. **Fluminense Football Club**: história, conquistas e glórias no futebol. Rio de Janeiro: Mauad, 2003. p. 196.

NETTO, A. R. **Jogos Olímpicos de ontem, de hoje e de amanhã.** [S.l]: SPES, 1937. p. 180.

NICOLINI, H. **Tietê**: o rio do esporte. São Paulo: Phorte, 2001. p. 368.

_____. **Moacyr Brondi Daiuto**: cátedra e quadra. São Paulo: Phorte, 2006. p. 104.

_____. **O evento esportivo como objeto de marketing**. São Paulo: Phorte, 2006. p. 144.

_____. **O jornal de ontem**. São Paulo: Phorte, 2006. p. 174.

Nuzman, C. A. Sonho e conquista: o Brasil nos Jogos Olímpicos do século XX. In: **COI**. Rio de Janeiro, 2004. p. 460.

Ogawa, A. (Ed.) Almanaque das copas. **Placar Especial**: Abril, n. 3, p. 78, abr. 1978.

Olimpismo. Olimpismo sua origem e ideais. **COI/SESC**, São Paulo, 2. ed., p. 20, jun. 2003.

Paioli, C. C. Brasil Olímpico. **Imprensa Oficial do Estado S.A.**, p. 373, 1985.

Revista, **Olympia 1936**. Rev. Die Woche Sondernummer. Preis. 1-RM

Rocha, A. A. Cinqüentenário da primeira medalha olímpica do basquete brasileiro. **XIV Jogos Olímpicos, Londres, Inglaterra, 1948, Opúsculo**. São Paulo: Panathlon Club São Paulo, jul. 1998. p. 11.

_____. **A simbologia animal no esporte**. São Paulo: Scortecci, 2000. p. 190.

_____. Violência, Jogos Olímpicos e Ação Panathletica. **Contribuição do Panathlon Club São Paulo ao Estudo dos Problemas do Esporte**, São Paulo: Panathlon Club São Paulo, abr. 2002. p. 21.

_____. **Comemoração do Dia Olímpico**. São Paulo: Panathlon Club São Paulo, jun. 2005.

_____. Comemoração do Dia Olímpico – Panathletas Olímpicos: Tetsuo Okamoto e Manoel dos Santos Júnior. **Boletim Panathlon Club São Paulo**, São Paulo, p. 200,

São Paulo. **São Paulo Futebol Clube 1935-1980**. São Paulo: Mauro Ivan Marketing Editorial, 1981. p. 161.

Schermann, A. Os desportos em todo o mundo. **Revista A.A.B.B.**, Rio de Janeiro, v. 1, p. 903; v. 2, p. 532, 1954.

Unzelte, C. D. Almanaque do Corinthians. **Placar**, São Paulo: Abril, [S.d.], p. 753.

_____; Venditti, M. S. Almanaque do Palmeiras. **Placar**, São Paulo: Abril, [S.d], p. 545.

Velarde, P. G. Historia del Atletismo Sudamericano. **Diario de la cronica**, Lima, p. 199.

Wurman, R. S. **Guia dos Jogos Olímpicos**. São Paulo: Access, abr. 1984.

Periódicos:

O Diário de São Paulo

O Estado de São Paulo

A Folha de São Paulo

A Gazeta Esportiva

A Gazeta Esportiva Net

O Globo

O Lance

Jornal da Tarde

Jornal dos Sports, Rio de Janeiro

Jornal da USP

Zero Hora

Créditos das fotos

Figuras 1, 9, 15, 21 e 35 – Acervo Getty Images

Figuras 2, 3, 6, 19, 20, 22, 31, 32 e 33 – Acervo Phorte Editora

Figuras 4, 5a e b, 7, 10, 16, 17, 25, 26, 27, 28, 30, 31 e 41 – Acervo Henrique Nicolini

Figuras 8, 23 e 24 – Acervo Nestor Soares Públio

Figuras 11 e 13 – Acervo Eduardo de Castro Mello

Figura 12 – Acervo Carlos de Campos Sobrinho

Figura 14 – Acervo Loyde Del Nero Daiuto

Figuras 18, 29, 34, 36 e 40 – Acervo Panathlon

Figuras 37, 38 e 39 – Acervo Georgios Hatzidakis

Iconografia

Símbolos olímpicos

Anéis

Pôsteres

Atenas, 1896

Antuérpia, 1920

Paris, 1924

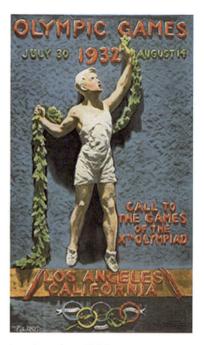

Los Angeles, 1932

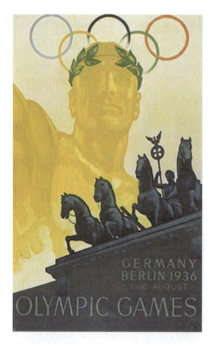

Berlim, 1936

Londres, 1948

Iconografia

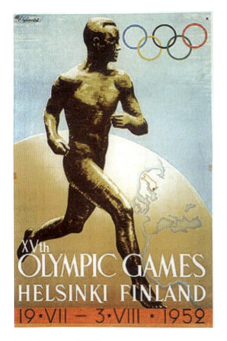
Helsinque, 1952

Melbourne, 1956

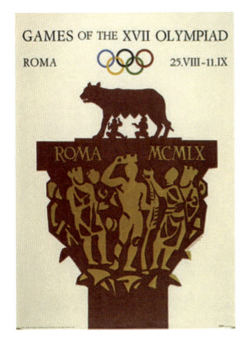
Roma, 1960

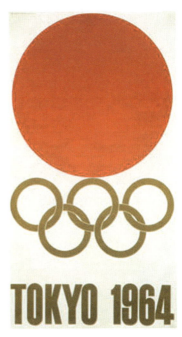
Tóquio, 1964

235

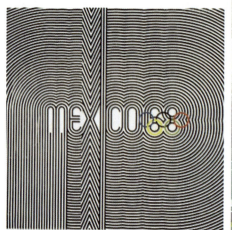
México, 1968

Munique, 1972

Montreal, 1976

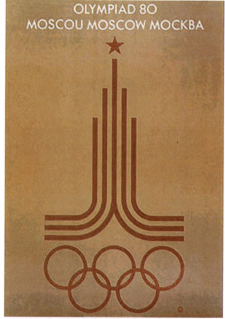
Moscou, 1980

Iconografia

Los Angeles, 1984

Seul, 1988

Barcelona, 1992

Atlanta, 1996

237

Sidney, 2000

Atenas, 2004

Pequim, 2008

Iconografia

Mascotes

Waldi (Munique, 1972)

Amik (Montreal, 1976)

Misha (Moscou, 1980)

Sam (Los Angeles, 1984)

Hodori (Seul, 1988)

Cobi (Barcelona, 1992)

Izzy (Atlanta, 1996)

Syd, Olly and Millie (Sidney, 2000)

Athena and Phevos (Atenas, 2004)

Beibei, Jingjing, Huanhuan, Yingying, Nini (Beijing, 2008)

239

SOBRE O LIVRO

Formato: 17 x 24 cm

Mancha: 12 x 19 cm

Tipologia: Antigoni

Papel: offset 90 g

nº páginas: 224

1ª edição: 2008

EQUIPE DE REALIZAÇÃO

Edição de Texto

Talita Gnidarchichi (Assistente Editorial)

Maria Apparecida F. M. Bussolotti (Preparação)

Nathalia Ferrarezi (Copidesque e revisão)

Renata Sangeon (Revisão)

Editoração Eletrônica

Denise Tadei (Capa, projeto gráfico, diagramação, tratamento de imagens)

Impressão

Palas Athena